COLLECTION
Cascade

YVON MAUFFRET

MON JOURNAL DE GUERRE

ILLUSTRATIONS DE
CHRISTIAN HEINRICH

RAGEOT-ÉDITEUR

Collection dirigée par Caroline Westberg

ISBN 2-7002-2397-7
ISSN 1142-8252

Il y a quelques jours, j'ai reçu une lettre de mon père, une lettre de prisonnier écrite sur du mauvais papier, couverte de cachets noirâtres, toute jaunie d'avoir traîné dans les wagons de l'Europe en guerre.

Je l'ai prise avec émotion. J'allais avoir treize ans et malgré l'éloignement, il avait pensé à mon anniversaire.

Oh, il n'avait pas grand-chose à raconter : que dire de la vie d'un stalag[1], des journées grises qui s'égrènent les unes après les autres, monotones, humiliantes, décourageantes et dont il semble qu'on ne verra jamais la fin ? Au bout de deux ans et demi, on répète les mêmes choses et, c'est terrible à avouer, on finit par se perdre de vue.

C'est sans doute parce qu'il y a pensé aussi qu'à la fin de sa lettre, papa me faisait une proposition.

1. Pendant la 2e guerre mondiale, camp allemand où étaient internés les prisonniers.

Thomas, mon fils,

Tu ne dois pas en douter, un jour, je reviendrai, un jour nous nous retrouverons. Je pense souvent à cet instant magique, je l'imagine, je le savoure chaque soir avant de m'endormir. Avec bonheur, avec angoisse. Ne vais-je pas me trouver devant une sorte de trou immense, que je ne saurai comment combler ? Tant de jours, de mois, d'années passés loin de vous pendant lesquels, vous les enfants, aurez grandi, nous les adultes aurons vieilli. Tout ce temps que vous aurez vécu et dont je ne saurai rien. Cela m'effraie, même si je sais que notre affection viendra à bout de ce vide.

Alors, je voudrais que tu m'aides, mon Tom. Je sais que tu aimes écrire, que tu es bon en français comme on dit (mais attention, ne néglige pas les maths !), alors prends ta plume et lorsque tu en as envie, raconte-moi, raconte-moi tout : tes disputes avec ta sœur, tes discussions avec tes copains. Dis-moi ce que vous mangez, comment vous supportez vos difficultés, raconte-moi votre quotidien, même s'il est morose ou triste.

Je ne te demande pas d'emboucher une trompette mais de me jouer doucement la petite musique de vos journées. De mon côté, j'en ferai autant. Je vous raconterai le stalag au jour le jour, notre existence d'enfermés, le courage des uns, la veulerie des autres.

Ainsi lorsque nous nous retrouverons, tu me tendras la main à travers ton journal. Et je te tendrai la main avec le mien. Tu veux bien ?

Bien sûr que je veux bien. Je trouve même que c'est une très bonne idée. Mais je me demande encore ce que je vais bien pouvoir lui raconter !

NOËL

27 décembre 1942

Tiens, papa, j'ai trouvé.

Je vais commencer ce journal par Noël, Noël 1942, le quatrième de la guerre, le troisième de l'Occupation et les choses ne s'arrangent guère !

En novembre, les Allemands ont franchi la ligne de démarcation qui séparait la France en deux et envahi la zone non occupée, « la zone Nono ». La flotte française s'est sabordée à Toulon : tous nos cuirassés, nos croiseurs, nos contre-torpilleurs, sont désormais au fond de l'eau. Les troupes d'Hitler sont parvenues jusqu'à la Volga, là-bas, en Russie, et elles ont planté le drapeau à croix gammée sur le sommet du Caucase.

Il y a quand même des bonnes nouvelles : les Anglais ont arrêté l'Afrikakorps de Rommel, à quelques kilomètres du Caire. Il était temps.

Et surtout les Américains ont débarqué en Afrique du Nord. « Il y a de l'espoir » comme dit mon copain Hervé.

Mais c'est long, c'est trop long ! On a l'impression que cela ne finira jamais.

Pour en revenir à Noël, maman et moi avions décidé de faire la fête, parce que nous n'avons pas le droit de nous laisser abattre. J'ai donc sacrifié deux de mes lapins, les plus beaux, « Jean-Jean » et « Totoche ». À chaque fois, ça me fend le cœur, mais si je me donne tant de mal pour les élever, c'est bien pour qu'on les mange. J'ai échangé une chambre à air de bicyclette contre du beurre, deux kilos de sucre et une boîte de sardines avec Mme Narvor, l'épicière. Maman a confectionné un gâteau, un vrai d'avant-guerre, et je suis allé chercher à la cave une de tes dernières bouteilles de vin, qu'on avait cachées dans la sciure. Maman m'a expliqué que c'était la meilleure façon de t'associer à notre fête. J'ai pris un saint-émilion 1937 et l'oncle Arnaud lui-même a déclaré qu'il était « divin ». Il a d'ailleurs bu au moins le tiers de la bouteille à lui seul !

Parce que, bien sûr, nous avions décidé d'inviter la famille.

Il y avait donc l'oncle Arnaud et la tante Zabeth, le tonton Louis, tata Pauline, et puis les cousins, Hubert, Cécile et Jean-Pierre. Avec Alice, maman et moi, nous étions dix.

J'avais tiré les rallonges de la table de la salle à manger, aidé maman à la couvrir d'une grande nappe blanche. On avait sorti le beau service, les verres de cristal de mémé et décoré le tout avec du houx, du gui, des feuilles de lierre.

Alice était folle de joie, elle battait des mains. La pauvre, elle est trop petite pour avoir des souvenirs d'avant-guerre, alors forcément !

Les choses ont plutôt bien commencé. Tata Pauline avait apporté un délicieux pâté de campagne, comme elle sait en dénicher dans les fermes et la tante Zabeth un gros pain, du vrai pain blanc, moelleux, une merveille.

Je croyais que j'aurais du mal à manger mes lapins mais non, le civet de maman était trop bon et j'avais trop faim.

Le repas se déroulait donc à merveille ; on avait évoqué les absents, toi en premier, on avait inévitablement soupiré après « le bon temps d'avant-guerre », quand on pouvait sortir le soir sans craindre les patrouilles, mettre des pneus aux vélos, de l'essence dans les voitures, des vraies chaussures de cuir aux pieds et surtout manger à sa faim !

Les deux tantes s'étaient mises à reconstituer des recettes d'autrefois : les vol-au-vent, les soufflés au fromage, les quenelles de brochet. J'en salivais et Alice écarquillait les yeux, comme si on lui avait ouvert la porte du paradis.

Puis, tout à coup, j'ai entendu le nom de « Pétain », et j'ai pensé « Aïe aïe aïe ! Gare à la casse ! »

– Tu pourrais dire « Le Maréchal », cela ne t'écorcherait pas la bouche !

Ça, c'était l'oncle Arnaud, le frère de maman, ancien combattant de la guerre 14-18, croix de guerre avec palme, très patriote, pas tellement républicain, et arborant fièrement à la boutonnière de son veston, la francisque, le symbole de Vichy.

– Il est peut-être maréchal, a rétorqué tonton Louis, mais cela ne l'empêche pas d'être un vieux gâteux, et à la solde des Allemands par-dessus le marché !

Tonton Louis, tu le connais mieux que moi, puisque c'est ton grand frère. Instituteur laïque et fier de l'être, défenseur de la République, et dont le fils aîné, le cousin Jacques, a rejoint, via l'Espagne, les Forces françaises libres en Algérie.

– Un gâteux, un traître le vainqueur de Verdun ?

L'oncle Arnaud s'en étranglait en vidant son verre de saint-émilion.

– Parfaitement !

Les femmes ont bien essayé de s'interposer mais il était trop tard.

– Et ton de Gaulle, bien à l'abri chez les Anglais. Ce n'est pas un traître ?

– Il sauve ce qui reste d'honneur à la France. Pas comme ton Laval ou ton Darlan !

Tout y est passé : Mers el-Kébir et notre flotte coulée par les Anglais, nos alliés d'hier. La rencontre d'Hitler et de Pétain, la poignée de main échangée, la soumission de plus en plus servile du régime de Vichy aux nazis... J'avais l'impression d'entendre leurs discours, leurs vociférations plutôt, pour la dix millième fois.

Les serviettes volaient, les noms d'oiseaux pleuvaient, les tantes s'étouffaient. Ils ont quitté le champ de bataille, notre pauvre salle à manger, l'oncle Arnaud en claquant la porte, tonton Louis avec un petit sourire qui demandait pardon.

Nous nous sommes retrouvés tous les trois.

Durant la bagarre, maman avait gardé son calme, tu la connais.

– Eh bien, a-t-elle déclaré, ils nous ont laissé la moitié du gâteau, ce serait une bonne idée de le terminer.

On ne se l'est pas fait dire deux fois.

Ensuite, nous avons allumé les bouts de bougies récupérés à droite et à gauche pour éclairer le sapin, et échangé nos cadeaux. Maman m'avait tricoté en cachette un superbe pull très chaud (elle a détricoté un chandail de pépé). Alice a eu une robe qu'elle adore. Moi, j'ai offert à maman une boîte de papier à lettres d'avant-guerre (je l'ai récupérée grâce à mon copain Hervé dont le père tient une librairie-papeterie). Voilà, on a chanté doucement, ensemble, *Il est né le divin enfant* et *Les Anges dans nos campagnes*. On a parlé de toi, de ce qu'on fera quand tu reviendras.

Alice s'était endormie.

– Mon Tom, a dit maman. Il faut se coucher. Demain c'est à ton tour de faire la queue à la charcuterie. On a droit à du boudin avec les tickets LM[1] de décembre.

1. Chaque ticket portait une ou des lettres et donnait droit à un produit particulier.

Eh oui, la guerre continue ! Ce n'est pas Noël qui l'arrêtera. Seulement l'espoir est là, quand même, bien enfoui au fond de nos cœurs.

LES LAPINS

3 janvier 1943

Tu vois, papa, je trouve qu'en dehors des Allemands, des bombardements, des réquisitions, des jours sans viande, de la censure, du couvre-feu, du froid, de la faim, il y a deux choses qui rendent la guerre encore plus pénible : les doryphores et les lapins.

En janvier, les doryphores dorment, bien au chaud, sous la terre. Ne les réveillons pas, nous aurons l'occasion d'en reparler.

Mais les lapins sont là. Et ils mangent !

C'est inouï ce qu'un lapin peut ingurgiter quotidiennement. C'est simple, il n'arrête pas.

Il m'en reste six à nourrir et chaque jour, je me demande comment y parvenir.

Oh, je sais que dans trois mois, cela ira déjà mieux et je n'aurai plus de problèmes. Je partirai avec Alice dans la campagne et nous remplirons nos sacs de pissenlits, de laiterons, d'oseille sauvage, de trèfle, ce sera presque une partie de plaisir.

Seulement voilà, nous sommes au cœur de l'hiver, dehors il gèle et la nature est en sommeil. Pourtant ils sont là, tous les six, à frémir du museau. Ils ne pleurent pas, ils ne réclament rien, mais ils ont faim, encore et toujours.

Je tâche de me débrouiller comme je peux.

Quand je vais au ravitaillement dans les fermes avec tata Pauline, je rapporte sur mon porte-bagages une grosse brassée de fourrage, je chine des trognons de choux et des fanes de carottes au marchand de légumes, mais je ne suis pas le seul, et il faut que je trouve quelque chose à lui donner en échange.

Je déterre aussi des racines, je ne perds pas une épluchure, je suis devenu imbattable pour la récupération de la nourriture à lapin. Mais ça me prend un temps fou, surtout lorsque les jours sont courts, comme maintenant.

– Tu devrais arrêter, Thomas, me dit maman. Tu te fatigues, tu dois d'abord penser à ton travail scolaire !

Mais moi, je sais bien qu'elle compte sur mes animaux pour améliorer un peu notre pitance quotidienne et que, si mes lapins n'étaient pas là, nous aurions encore plus faim.

Maman a déjà assez de soucis et ma

cuniculiculture (celui-là, je l'ai trouvé dans le dico. Ça signifie « élevage des lapins ». C'est un joli mot, non ?), c'est ma façon à moi de participer à notre survie.

Alors, je continue.

Il y a des jours où je les prends carrément en grippe, quand ils sont là, derrière leur grillage, le museau en mouvement et que je n'ai rien à leur donner.

Autre chose : chaque jour il faut changer leur litière parce qu'autrement, une odeur infecte envahit notre cour.

Travail peu agréable : les lapins pissent autant qu'ils mangent, et ce n'est pas peu dire. Enfin, ça fait du fumier pour les légumes !

Malgré cela, j'avoue que je les trouve mignons, surtout les petits et ils ne se privent pas d'en faire quand vient la saison. Je ne les garde pas tous, je n'y arriverais pas. Je les échange contre autre chose.

J'ai appris aussi à préparer les peaux : c'est chaud et ça se vend bien au marché noir.

Dans le fond, la guerre nous apprend à être malins, à nous débrouiller. Ce n'est pas une raison pour qu'elle dure encore trop longtemps !

LA RADIO

10 janvier 1943

Il s'est mis à faire froid, très froid même. On est gelé ! Au collège, nos pauvres poêles à bois font ce qu'ils peuvent, mais ce n'est pas beaucoup ! À la maison aussi le froid règne. Le charbon qu'on a touché en décembre est dégoûtant, c'est une sorte de terre noirâtre vaguement façonnée en forme de boulets. La salamandre s'encrasse, s'enroue, s'essouffle et ne chauffe pas. Résultat : les engelures sont revenues en rangs serrés. On en a aux mains, aux pieds, certains en ont même dans les oreilles. Moi je les supporte, mais j'ai des copains qui ne peuvent plus tenir leur porte-plume. Il paraît que ça vient du froid, bien sûr, mais surtout du fait que nous sommes mal nourris, « sous-alimentés ». Avant la guerre, personne n'avait d'engelures.

Sans doute en avez-vous aussi dans vos stalags !

En tout cas, ce n'était pas une raison pour ne pas écouter Londres, hier soir. Avec maman, c'est devenu un rite. Dès qu'Alice est couchée, nous gagnons l'atelier, au fond de la cour, nous sortons le poste de T.S.F. de sa cachette et nous cherchons à capter la B.B.C. Ce n'est pas toujours évident car les Allemands la brouillent tant qu'ils peuvent. Certains soirs, on ne reçoit rien.

Hier, la réception était bonne. Tout à coup on entend les quatre coups « Boum Boum Boum Boum ! ». Il paraît que c'est le début de la *Cinquième Symphonie* de Beethoven. Et puis une voix s'élève : « Ici Londres, les Français parlent aux Français. »

C'est comme si une porte s'ouvrait et qu'une bouffée d'air frais parvenait jusqu'à nous.

Il y a de tout sur la radio de Londres, les nouvelles des champs de bataille (elles ne sont pas bien fameuses !), des discours politiques, et des chansons, que l'on se prend à fredonner le lendemain :

Bien le bonjour messieurs les Allemands,
Vous êtes en France, vous êtes en France,
Bien le bonjour, messieurs les Allemands,
Vous êtes en France, plus pour longtemps.

J'en connais des dizaines. Il y a aussi des

slogans, des mots d'ordre et puis ces messages personnels, mystérieux, incompréhensibles : « *Le matou a aboyé trois fois.* » « *Le pissenlit n'a plus de racines.* » « *Les joues de la péronnelle sentent le lilas.* »

Il paraît que c'est une façon de communiquer avec le réseau de Résistance et les maquis.

Une chose qui m'a bien plu, c'est quand la radio de Londres nous a demandé de dessiner partout des V, en signe de victoire, garnis au centre d'une croix de Lorraine. On s'y est mis avec entrain, j'en ai griffonné des dizaines, des centaines peut-être, sur la chaussée, sur les murs, sur les palissades. Hervé et moi sommes les champions des V. Il faut être prudent pour ne pas se faire piquer par les Allemands, mais quoi, ils ne peuvent pas être partout et ils n'arriveront pas à nous priver de V. Quand l'émission de la B.B.C. s'achève, quand les voix de Jean Oberlé ou de Maurice Schumann s'évanouissent, nous demeurons dans l'atelier un moment, malgré le froid.

Je cache le poste de T.S.F. sous un tas de vieux vêtements. En principe, c'est défendu d'écouter la B.B.C., pourtant tout le monde le fait, les Vichyssois, les trafiquants, les collabos et même, à ce qu'on dit, certains Allemands !

Voilà, la radio s'est tue, il fait très froid. Maman va se remettre à sa machine à coudre, moi je vais essayer de travailler un peu, sous mes couvertures.

Demain, il y a distribution de savon chez Mme Narvor. Encore une belle queue en perspective !

LE RAVITAILLEMENT

12 janvier 1943

J'ai relu les quelques pages déjà écrites dans ce « journal de guerre ». Je trouve que je parle beaucoup de nourriture et de ravitaillement. Mais je n'y peux rien, papa ! Le souci numéro un des Français, ce n'est pas de savoir si Pétain se réconciliera avec Laval, si les Alliés réussiront à débarquer en Europe, si les Russes profiteront de l'hiver pour contre-attaquer enfin. Ces choses-là, on y pense bien sûr, mais on a l'impression d'être tellement impuissants !

Par contre les questions qui se posent à nous quotidiennement sont :

Que mangerai-je à midi, ce soir, demain ?

Quand les tickets de savon seront-ils honorés ?

Ma dernière paire de chaussures est à bout. Que vais-je mettre aux pieds ?

Se nourrir, se vêtir, se déplacer, tout pose problème, puisqu'il n'y a plus rien !

Chaque mois, nous touchons nos cartes d'alimentation, des feuillets marqués de lettres et de chiffres qui donnent droit, en principe, à la nourriture de base, c'est-à-dire à la survie. Perdre sa carte d'alimentation équivaut pour certains à un arrêt de mort, je ne crois pas exagérer. Il y a plusieurs catégories de cartes : E pour les tout-petits, J1 pour les plus jeunes, J2, J3 (moi, je suis J3, c'est la catégorie la plus avantageuse, parce que nous sommes adolescents et que nous avons besoin de manger). Maman est A – adulte – les personnes âgées sont V, ce sont les plus malheureuses. Il y a les T – travailleurs de force – et d'autres encore que j'oublie. Les tickets de pain sont honorés régulièrement, si on peut appeler pain les mixtures infectes que le boulanger nous livre. Pas de quoi s'étrangler de toute façon, en J3, j'ai l'équivalent de quatre ou cinq tartines ; c'est peu, surtout quand on n'a pas grand-chose d'autre.

Les tickets dépendent des arrivages. Il faut lire attentivement le journal parce que c'est lui qui informe que les « LK3» donnent droit à deux boîtes de sardines, que les LM2 permettront de toucher un peu de confiture, etc.

Sitôt l'annonce parue, pas de temps à

perdre, il faut se précipiter chez le commerçant concerné et se heurter bien sûr à l'inévitable queue déjà en place. Ah les queues, il y en a pour tout, et partout, c'est devenu une habitude et certains en font même un métier. Mme Larivière, la petite dame qui habite au bout de la rue, après la quincaillerie, gagne ainsi sa maigre pitance, en remplaçant dans les queues ceux qui n'ont pas le temps, ou qui ont d'autres activités.

Bref, on se précipite sur ce qui est comestible et sur ce qui ne l'est pas. Il y a une chose par exemple, que je ne comprends pas : pourquoi, en temps de guerre, les rutabagas, les topinambours et autres légumes fadasses poussent-ils à merveille, alors que les pommes de terre, les carottes (je ne parle même pas des petits-pois) se raréfient de jour en jour ?

La viande est coriace, le pain gluant, le fromage est garanti 0 % de matière grasse, les prétendus gâteaux donnent l'impression que l'on mâchouille du plâtre. Tout ce qu'on nous propose est triste, cafardeux, à la limite du mangeable.

Nous les jeunes avons le droit chaque jour à trois ou quatre biscuits « vitaminés » et à des pastilles roses, également vitaminées. C'est la grande trouvaille de Vichy pour que nous devenions des hommes forts, dignes de participer à la rénovation nationale. Je me demande si nous y parviendrons !

Alors forcément chacun se débrouille comme il peut, s'il le peut. On fabrique du savon avec du lierre, du café avec de l'orge, du vrai pain dans les cocottes (quand on a de la vraie farine !). Chaque famille a ses trucs, ses recettes, qu'on s'échange comme des trésors.

Et surtout, on troque ! Chaque jour nous te bénissons, papa, pour la passion du vélo que tu cultivais avant-guerre. Tu te rappelles ? Tu suivais avec dévotion le Tour de France, tu collectionnais les photos des champions : Antonin Magne, Speicher, Archambaud, ces photos un peu jaunies sont toujours épinglées dans l'atelier au fond de la cour. Tu roulais, seul ou avec des amis, tu faisais de grandes virées dans la campagne. Tu poussais la passion jusqu'à posséder trois bicyclettes : un vélo de course, un vélo de route et un autre pour aller et venir en ville. Et tu gardais des pneus, des chambres à air et des pièces de rechange. Papa, tu nous sauves la vie ! Ce matériel est devenu très rare et comme posséder un vélo de nos jours est essentiel pour se ravitailler, j'écoule lentement ton stock : on ne sait pas combien de temps durera encore cette fichue guerre. Grâce à une chambre à air, j'ai pu me procurer une paire de chaussures en cuir pour la pauvre Alice dont le pied grandit sans cesse et supporte très mal les galoches à semelles de bois. Quand je fais la tournée des fermes avec tata Pauline, je prends toujours un pneu ou un câble de frein, ça peut servir.

Tout le monde agit ainsi. On échange tout contre tout et le gouvernement aura beau crier, il ne nous empêchera pas de nous battre pour ne pas mourir. Les plus à plaindre sont ceux qui n'ont rien, les vieux par exemple. On dit qu'il y en a beaucoup qui meurent d'inanition, dans les grandes villes surtout.

Puis, il y a les autres, les trafiquants, ceux qui font vraiment du marché noir et qui gagnent beaucoup d'argent. On parle de ferrailleurs milliardaires, de crémiers transformés en châtelains, de paysans qui entassent leurs billets dans des lessiveuses. On prétend que dans certains restaurants, on mange comme avant-guerre, du homard et du foie gras, des poulardes, des steaks énormes arrosés de vins fins, des desserts accompagnés de café et de liqueurs... Au collège, il y a quelques élèves dont les parents vivent ainsi. Les enfants n'y sont pour rien mais il est difficile de leur pardonner quand ils se pavanent dans des vêtements chauds alors qu'on crève de froid et qu'ils se bourrent de friandises quand on ingurgite nos biscuits vitaminés.

Je trouve que la guerre rend le monde encore plus injuste.

LE MARÉCHAL

17 janvier 1943

Ce matin, mon copain Hervé est venu à la maison : il y a compo de maths, mardi, et nous avons décidé de réviser ensemble.

– Viens, nous nous installons là-haut dans ma chambre ; il y fait moins froid !

Nous montions l'escalier quatre à quatre lorsque tout à coup, il a pilé net, comme un chien marquant l'arrêt.

– Qu'est-ce qui te prend ?

– Ça.

D'un mouvement énergique du menton, il me désignait un point sur le mur.

– Ça, quoi ?

– Les photos du Vieux. Tu les as encore !

Je les avais complètement oubliées, ces cartes postales représentant le maréchal Pétain avec ou sans képi, de face ou de profil. Je crois bien que le facteur les avait distribuées en décembre 40 ou en janvier 41. Plus de deux ans qu'elles étaient là, punaisées sur le papier peint, racornies, fanées.

– Tu ne vas pas les garder indéfiniment !

Au collège, Hervé est notre gaulliste de choc, frondeur, intransigeant, pourfendeur des Vichyssois, des collabos et des ennemis de tout poil.

Déjà il avait sorti son canif et entrepris d'enlever les cartes postales. Je l'ai laissé faire, je ne me sentais vraiment pas l'envie de me battre pour Pétain.

Ce soir, je les ai devant moi, ces cartes postales. C'est vrai que les choses changent : autour de nous, de moins en moins de gens vénèrent « le Maréchal ». Il a encore des fidèles, comme l'oncle Arnaud, mais ils se font rares.

Pourtant, en 1940, on ne jurait que par lui. Il avait sauvé la France, il restaurait le Travail, la Famille, la Patrie. Il nous avait même fait don de sa personne ! Il faut dire qu'il présentait bien avec sa fière stature, son noble visage de vieillard. Et puis quoi, c'était le vainqueur de Verdun, il ne pouvait ni se tromper ni nous tromper.

En 40, j'avais dix ans. J'étais trop jeune pour comprendre ce qui se passait autour de moi. Les événements allaient vite, beaucoup trop vite ! Au mois de mai encore, on nous disait qu'on avait la meilleure armée du monde, qu'on vaincrait, parce qu'on était les plus forts, que la route du fer[1] était bar-

1. Route du fer : en mai 1940, les troupes franco-anglaises débarquent en Norvège pour empêcher les Allemands de s'emparer des riches gisements de fer. C'est un échec.

rée, et que la ligne Maginot constituait une forteresse imprenable.

Et puis au mois de juin, plus rien ! Nos soldats en débandade, des milliers et des milliers de réfugiés sur les routes, les avions allemands partout dans le ciel et leurs blindés qui avançaient, sans que personne puisse les arrêter. Toi, papa, tu étais un homme, tu me raconteras ce que tu pensais pendant ces jours noirs. Moi j'étais perdu, je ne comprenais pas pourquoi maman pleurait.

Nous étions vaincus, mais je ne savais pas vraiment ce que cela pouvait signifier.

C'est alors que Pétain a parlé et que tout le monde s'est mis à l'aimer, certains à l'adorer. À l'école, nous chantions une chanson à sa gloire :

Maréchal, nous voilà
devant toi, le Sauveur de la France
Nous jurons nous tes gars
de t'aimer et de suivre tes pas
Maréchal, nous voilà
Tu nous as redonné l'espérance
La Patrie renaîtra
Maréchal ! Maréchal ! Nous voilà.

Nous y mettions tout notre cœur !

De Gaulle, à cette époque, on ne savait

pas qui c'était. Il avait parlé à la radio de Londres, mais personne ou presque ne l'avait entendu. Tandis que Pétain était partout, dans tous les bâtiments officiels, dans la vitrine de chaque commerçant, dans la plupart des foyers, comme chez nous. Pourtant, maman n'avait pas voulu que je mette les cartes postales sur le buffet de la salle à manger.

– C'est la place de ton père, avait-elle dit. De lui seul.

Et c'est vrai, papa, que tu trônes à la place d'honneur, une grande photo de toi, en civil, prise en 39 par Collard, le photographe de l'avenue de la Marne. Chaque soir, Alice t'embrasse avant d'aller se coucher. Tu souris, tu es bien sûr un peu figé, un peu « retouché », mais enfin c'est toi, tu es là. Pétain a donc dû se contenter d'un mur d'escalier, jusqu'à aujourd'hui.

Maintenant, beaucoup murmurent qu'il est sénile, gâteux, que Laval est le véritable chef.

D'autres prétendent que, secrètement, de Gaulle et Pétain sont d'accord l'un pour gouverner la France de l'intérieur, l'autre pour lutter aux côtés des Alliés.

De toute façon, depuis que les Allemands ont envahi la zone libre, les choses sont claires. Enfin, elles devraient l'être.

– Balance-les au feu, m'a conseillé Hervé en me tendant les cartes postales.

J'ai hésité, et puis je les ai finalement rangées dans le fond d'un tiroir. Plus tard, lorsque je serai vieux, je les redécouvrirai peut-être et elles me rappelleront la guerre.

LA FERME

23 janvier 1943

Hier, tata Pauline est venue me chercher de bonne heure pour une « tournée des fermes ». Cela nous arrive à peu près une fois par mois et lorsque le temps est passable, c'est presqu'une partie de plaisir, même s'il faut pédaler dur. Je ne me plains pas puisque, grâce à toi, je dispose d'un bon vélo, avec des pneus en bon état, mais j'en connais qui effectuent leurs randonnées sur des pneus pleins ou avec des jantes rembourrées de vieux chiffons, pour remplacer les chambres à air.

J'aime bien tata Pauline. De mes tantes, c'est elle que je préfère. D'abord, elle ne se plaint jamais, elle ne gémit pas sur son sort comme tante Zabeth ; au contraire, elle rit, elle chante, elle plaisante, elle vit ! Tout le monde affirme que dans un autre milieu, dans d'autres circonstances, elle aurait été une remarquable comédienne. Et c'est vrai qu'on ne peut s'empêcher de rire si elle en a décidé ainsi. Même l'oncle Arnaud, qui est plutôt du genre bonnet de nuit, ne résiste pas à la verve de tata Pauline. Il s'en veut, il essaie de se cacher derrière sa serviette, mais il est bien obligé d'éclater de rire !

Elle est arrivée à huit heures et demie, il faisait encore nuit. Sans façon, elle a accepté de partager notre petit-déjeuner : orge baptisé café, saccharine à la place du sucre, lichette de mauvais pain recouverte d'une confiture au goût indéfinissable.

– Allez, mon lapin, en route !

« Mon lapin » ! J'ai beau lui dire que j'ai horreur qu'on m'appelle ainsi, elle ne peut s'en empêcher. Elle a essayé « mon pigeon », « ma grenouille », mais rien à faire, le lapin reprend invariablement le dessus.

J'ai sorti mon vélo (enfin le tien, celui de tous les jours), j'ai ficelé mon sac sur le porte-bagages et en route ! Il faisait plutôt frisquet, mais un froid sec, sans vent, et pédaler nous réchauffait.

Avec tata Pauline, on a bien rodé notre circuit des fermes. On commence par les Bordes, à six kilomètres de chez nous, on continue par La Noyère et les Cluzeaux. Tata Pauline dégage une sympathie irrésistible et les visages parfois renfrognés des paysans s'éclairent dès qu'ils la reconnaissent.

– Ah, c'est la p'tite dame qui rit toujours.

On rentre, on s'assoit, on savoure le pain blanc et la charcuterie que la fermière met sur la table, on discute. Il ne faut jamais avoir l'air pressé ni aborder d'emblée le sujet essentiel.

– Et votre maman, madame Pauline, va-t-elle mieux ?

– Ah, ma pauvre ! Si vous saviez !

Tata Pauline est excellente comédienne donc forcément un peu menteuse. Pour attendrir les paysans, elle s'est inventé toute une famille à qui il arrive sans arrêt des malheurs. Elle a perdu sa mère avant la guerre, mais elle l'a ressuscitée pour les besoins de la cause et l'accable de misères. La vieille femme habite Paris, elle est percluse de rhumatismes, son appartement a été bombardé, etc. Tata ne fait pas dans la dentelle !

– Et pour finir, la pauvre, voilà qu'on lui a volé ses tickets d'alimentation. Vous vous rendez compte, madame Bernard !

C'en est trop. Le cœur de Mme Bernard fond à vue d'œil, si bien que lorsqu'on en arrive enfin au chapitre « ravitaillement », elle est prête à tout, ou presque.

– Ah, madame Bernard ! Si seulement vous aviez un peu de beurre et de farine, je lui préparerais le gâteau qu'elle aime... avec quelques œufs, aussi.

– Je vais voir ce que je peux pour vous !

La fermière disparaît dans son arrière-salle et revient bientôt avec une livre de beurre, une douzaine d'œufs frais et un sac de farine.

– Tenez, cela lui fera du bien, à votre pauvre maman !

Remerciements, règlement : elle n'a pas exagéré. Nous nous remettons en route.

– Tata, tu es quand même une sacrée menteuse !

Elle éclate de rire.

– C'est pour la bonne cause, Thomas. Ma pauvre mère, telle que je l'ai connue, serait ravie de nous dépanner, crois-moi. Cela va me permettre d'envoyer un colis à la vieille cousine Zoé, de Marseille. Que veux-tu, les gens aiment qu'on leur raconte des histoires qui les fassent rire ou pleurer !

C'est sans doute vrai... Et puis Tata est quelqu'un qui ne ment pas sur les choses importantes, qui ne triche jamais. Souvent on lui reproche même sa trop grande franchise.

Enfin nous arrivons à La Noue, notre dernière étape et notre ferme favorite.

La Noue est composée d'un ensemble de bâtiments entourant une vaste cour intérieure. C'est, paraît-il, un ancien manoir. L'ensemble dégage une noblesse certaine, due à la patine des pierres, aux teintes roussies des ardoises, à la nef écroulée d'une chapelle qui dresse encore vers le ciel une arcade couverte de lierre.

Dans la cour pavée, un noyer centenaire ombrage la margelle usée d'un vieux puits. Vers le grand portail s'étale un bosquet de tilleuls. Quand on pénètre ici, on se sent transporté dans un autre temps, dans un autre monde.

Puis il y a les Pelletier : le grand-père, sourd comme un pot mais qui sourit tout le temps, la grand-mère ratatinée qui, en cette période de misère, a ressorti son rouet et file la laine au coin du feu, perdue dans ses rêves ou dans ses souvenirs.

M. Pelletier, Louis, le patron, doit avoir cinquante-cinq ans, il est costaud, droit comme un i. Sa femme, Adeline, ressemble à une pomme de reinette qui aurait longuement mûri sur du foin, dans un grenier.

Et il y a les enfants : Vincent, un grand gaillard de vingt-cinq ans, Paulette qui n'arrête pas de chanter. Et un vieux valet de ferme, Louis, et sa femme Antoinette, actifs et silencieux.

Sans parler des chiens, des chats, des chèvres, des vaches, des poules et des pigeons. Azénor et Mirliflore, les deux chevaux trop vieux pour être réquisitionnés, travaillent encore du mieux qu'ils peuvent.

Autour de La Noue s'étend la terre, des

hectares de terre noire et grasse, « la plus fertile du canton » dit Louis, non sans fierté.

Et tout au fond, barrant l'horizon de bout en bout, puissante, mystérieuse, la grande forêt de Marny.

Et puis, il y a Anne-Lise.

C'est la plus jeune de la famille, elle a six mois de moins que moi. Elle a une chevelure noire et drue et des yeux bleus, si clairs que jamais je n'en ai vu de pareils.

Anne-Lise a arrêté l'école juste après son certificat d'études, bien qu'elle soit si brillante que son instituteur voulait la faire rentrer à Normale et devenir à son tour maîtresse d'école. Mais on avait besoin de bras à la ferme.

À La Noue, nous sommes chez des amis, tata Pauline n'éprouve même pas le besoin de raconter des histoires ! Elle commence par embrasser la grand-mère et nous déballons nos offrandes : elle a apporté une boîte de caramels, des vrais, qu'elle a dénichés je ne sais où, moi je sors la chambre à air de mon sac. Ici, il ne s'agit pas de troc avec des « fermiers-ravitailleurs », mais de cadeaux qu'on a envie d'offrir aux gens qu'on aime bien.

Les grandes personnes s'installent autour de l'immense table. Comme d'habitude,

Anne-Lise ne tarde pas à me tirer par le bras.

– Viens Thomas, j'ai des choses à te montrer.

Je la suis sans un mot. Elle a attaché la masse épaisse et noire de ses cheveux avec un vieux lacet délavé, on dirait la crinière d'une jeune pouliche galopant dans la prairie.

– Regarde, Thomas !

Au fond de la bergerie, deux agnelets nés prématurément se serrent l'un contre l'autre puis, flageolant sur leurs pattes frêles, ils se précipitent vers Anne-Lise en poussant des bêlements plaintifs.

– Leur mère est morte en les mettant au monde. Je les nourris au biberon. Ils me prennent pour leur maman et si je les laissais faire, ils me suivraient partout, même dans mon lit !

C'est ce qu'il y a de bien avec Anne-Lise, elle a toujours quelque chose à vous montrer : plante rare, pierre bizarre, jeune animal... La dernière fois, c'était un renardeau qu'elle avait adopté.

– Et Vulpus ?

– Mon renard ! Il a grandi, il redevenait sauvage et n'avait qu'une envie : retourner dans la forêt. Je l'ai relâché. J'ai simplement demandé à papa de renforcer le grillage qui protège les poules.

Nous revenons lentement vers la ferme. Tata Pauline est en train de mimer à elle seule l'orchestre allemand qui donne chaque dimanche un concert sur la place de notre ville. Les Pelletier rient de bon cœur, y compris le grand-père.

– Mangez les enfants.

Adeline me coupe une énorme tartine dans la miche dorée, Anne-Lise me verse un grand bol de lait parfumé. Si ce n'est pas le bonheur, papa, je t'assure que ça y ressemble.

Nous sommes rentrés à la nuit tombante, chargés de provisions que nous avons eu un mal fou à payer.

– Et pour vos caramels, et la chambre à air, combien je vous dois, répliquait Adeline.

Sur mon porte-bagages, par-dessus mon sac, je transportais une énorme botte de fourrage pour mes lapins.

Nous n'avons rencontré ni patrouille allemande ni contrôleurs des services économiques. J'étais fatigué mais j'avais passé une bonne journée !

STALINGRAD

3 février 1943

Youpi ! Trois fois youpi !

Les troupes nazies ont capitulé à Stalingrad. Avec maman, on a regardé sur la carte. C'est loin, Stalingrad, sur la Volga, tout au bout de l'Europe. Il était vraiment temps de les arrêter.

Hier soir, j'ai eu du mal à écouter la radio de Londres, elle était encore plus brouillée que d'habitude. Mais j'ai réussi à entendre l'essentiel : le maréchal Paulus s'est rendu aux Russes avec son armée, trois cent mille Allemands ont été mis hors combat !

Ce matin, au collège, nous étions surexcités, sauf bien sûr les « collabos » et les « marchés noirs ». Hervé voyait déjà les troupes soviétiques entrer dans Berlin. Il a même sorti la croix de Lorraine qu'il porte habituellement sous le revers de sa veste et l'a arborée fièrement.

M. Longuet, notre prof de français, lui a demandé de l'enlever.

– Doucement, p'tit gars, a-t-il murmuré, pas de risques inutiles. Les Allemands sont encore là, les dénonciateurs et la Gestapo aussi !

Avec un autre prof, Hervé se serait sans doute regimbé. Pas avec Longuet. C'est Longuet qui nous a obligés à nous lever quand Simon est venu en classe pour la première fois avec son étoile jaune. Alors il a beau se montrer discret, on sait bien ce qu'il pense.

Et puis, ce qu'il dit est vrai. Les Frisés sont encore là et bien là, mais on ne les sent pas très joyeux en ce moment !

Enfin, les choses commencent à aller un peu mieux. Rommel a été battu en Égypte, les Alliés renforcent de plus en plus leurs positions en Afrique du Nord... Et maintenant Stalingrad.

Ce n'est pas la fin mais c'est peut-être le début de la fin !

En tout cas, l'espoir renaît, même s'il ne guérit pas nos engelures, même s'il ne remplit pas nos ventres vides.

LES GÂTEAUX

7 février 1943

Une lettre de toi ce matin, papa. Comme toujours, tu nous dis que tu vas bien, que le moral est là, que tu es en bonne santé. Que pourrais-tu dire d'autre ? Et même si ce n'est pas vrai, il faut que nous fassions semblant de te croire. Mais ce n'est pas normal, cette absence qui se prolonge indéfiniment !

Je suis sûr que maman sent ta présence à ses côtés, bien qu'elle n'en parle pas. Vous avez vécu plus de dix ans ensemble alors, forcément, ça laisse des souvenirs.

Moi j'en ai aussi, et poutant j'étais petit la dernière fois que nous nous sommes vus. Je me rappelle de tas de choses : quand tu m'as grondé très fort parce que j'avais dévalisé le cerisier de M. Lépine, notre voisin, avant de me consoler en m'avouant que tu avais commis exactement la même bêtise quand tu étais petit ! Le jour où tu m'as appris à faire du vélo. Et nos parties de pêche, nos promenades dans les bois. J'entends ton rire, je revois la façon que tu avais de te passer la main dans les cheveux lorsque tu hésitais sur une décision à prendre.

Alice, elle, n'a rien. Elle n'avait que trois ans lorsque tu es revenu pour la dernière fois à la maison et ses souvenirs sont très flous.

C'est normal, mais elle ne veut pas l'admettre. Parfois je la taquine à ce sujet :

– Tu te souviens de papa ?

– Bien sûr, tiens !

– Alors chante la chanson qu'il fredonnait tout le temps !

Moi je le sais, c'était *Le Temps des cerises*.

– Je ne me rappelle pas du titre, mais je m'en souviens, j'en suis sûre !

– Et sa cravate du dimanche de quelle couleur était-elle ?

– Heu… je le sais : rouge !

– Tu as perdu, elle était bleue.

Je pourrais continuer longtemps ce jeu qui n'est pas très drôle. Mais je la sens prête à éclater en sanglots alors j'arrête et je la console. J'aime bien la taquiner, mais pas trop !

Elle est mignonne, Alice. Elle ressemble à maman, mais d'après les grandes personnes elle a tes yeux. Elle est un peu pâlotte, un peu maigrichonne, c'est une enfant de la guerre, mais elle est résistante.

Nous jouons aussi à « c'était comment, avant ? »

– Dis, Tom, c'était comment les gâteaux avant ?

Alors je ressuscite pour elle des choux à la crème dégoulinants, des éclairs somptueux, des mokas alléchants.

– C'était bon, Tom ?

– Délicieux. Tu verras, bientôt on en mangera à nouveau.

– Et avant, Tom, c'est vrai qu'on sortait le soir ?

– Bien sûr. On allait au cinéma voir des films de Charlot. Quelquefois, les parents nous emmenaient au théâtre, assister à des opérettes, *Les Cloches de Corneville* ou *La Mascotte*.

– C'était beau ?

– Magnifique !

– Et les Allemands ne disaient rien ?

– Ils étaient chez eux et nous chez nous !

J'exagère un peu. Nos sorties du soir se comptaient sur les doigts de la main mais quoi, il faut bien que ma petite sœur rêve un peu !

– Et c'est vrai qu'avant on trouvait tout dans les boutiques, qu'on n'avait pas besoin de faire la queue ?

– C'est vrai, Alice.

– Et c'est vrai que les papas n'étaient pas prisonniers ?

– C'est vrai aussi, petite sœur.

Elle aurait poursuivi le jeu indéfiniment. Forcément, je lui dis sans arrêt que la guerre finira et que la vie redeviendra comme avant. Elle le croit. Et je le crois aussi, bien que je trouve le temps long.

Papa, je rêve du jour où tu nous donneras la main, à tous les deux, et où tu nous emmèneras dans la meilleure pâtisserie de la ville. On doit bien ça à Alice.

LES ALLEMANDS

13 février 1943

Chaque matin, ou presque, ils passent sous nos fenêtres.

Je les entends venir de loin, du bout de l'avenue Victor Hugo, où se trouve leur caserne. Ils martèlent les pavés de leurs bottes de cuir bouilli, on croirait un ronflement, et ils chantent en mesure :

Hali ! Halo !
Hali halo
Ha ha !
Hali ! Halo !
Ha ! Ha !
Ha ! Ha ! Ha ! Ha !

– Ce n'est pas comme nos bidasses qui braillent : un kilomètre à pied, ça use, ça use, les Allemands ont le sens de la musique, eux !

Tel est, du moins, le point de vue de l'oncle Arnaud.

Les bruits de bottes s'amplifient, les « Hali Halo » atteignent leur volume maximal lorsque la troupe passe sous nos fenêtres, puis diminuent et s'éteignent.

Si je ne garde qu'un souvenir de l'Occupation, je crois que ce sera celui-là : une troupe d'hommes disciplinés, vêtus de vert, marchant au pas et chantant « Hali Halo » en martelant le sol de leurs bottes.

Les Allemands ! L'oncle Arnaud dit en parlant d'eux « ces messieurs » ou « nos vainqueurs ». Tonton Louis et ceux de la génération de la Grande Guerre les appellent « les Boches ». Les vieillards parlent des « Prussiens » ou des « Pruscos », souvenir de 1870.

Nous, on leur réserve une ribambelle de surnoms : les « Fritz », les « Fridolins », les « Frisous », les « Frisés », les « Doryphores », les « Teutons », les « Chleuhs », les « Vert-de-gris », les « Haricots verts », les « Huns ». J'en oublie !

Sans doute en ont-ils tout autant à notre service ; comme on ne parle pas allemand, cela nous est égal !

Enfin, quand je dis qu'on ne parle pas allemand... on a été obligés de se constituer un lexique minimum, question de survie ! Il est impératif de savoir, par exemple que *heraus ! los* signifie qu'on doit dégager et *schnell !* en vitesse. *Morgen früh*, demain matin. *Arbeit*, c'est le travail, *Papiere*, les papiers, *Ausweis*, les permis qu'il faut retirer à la *Kommandantur*, à l'état-major de l'armée. On peut répondre « nicht compris ! » mais ils ne sont pas dupes, du moins pas tous !

Les Allemands ! Ils sont là depuis si longtemps que nous, les enfants, avons l'impression de les avoir toujours vus.

Il y a eu ceux de 1940, de beaux gars aux yeux clairs, bronzés par le soleil de l'été, tout étonnés de nous avoir vaincus si vite, et qui nous adressaient des signes amicaux du haut de leurs blindés. Nous, on les regardait bouche bée, sans comprendre. On nous avait tellement seriné que c'était une horde de barbares coupant les mains des petits enfants, arrachant les bébés du sein de leur mère, tuant, violant, massacrant, qu'on s'étonnait, forcément, de les découvrir si *korrekt*. Cela ne les empêchait pas de confisquer ce qu'ils trouvaient dans nos magasins en nous payant avec de la monnaie de singe. Mais enfin, ils le faisaient avec le sourire !

Dès qu'a éclaté la guerre de Russie, ceux-là sont partis très vite. D'autres les ont remplacés, moins jeunes, plus bedonnants, plus pépères aussi. Nous avons les mêmes depuis presque deux ans, ce sont nos ennemis bien sûr, mais on ne peut pas dire qu'ils nous torturent à longueur de temps. Ils murmurent « guerre grand malheur » en sortant de leurs portefeuilles des photos d'enfants blonds. Comme tous les soldats du monde, ils soupirent après la permission qui leur permettra de retrouver leur famille. L'autre jour, il y en a un qui a tendu à Alice un morceau de chocolat. Elle m'a regardé pour savoir si elle pouvait accepter. Ses yeux brillaient tellement que je n'ai pas pu dire non.

– *Danke schön*, ai-je même murmuré, c'est aussi un mot allemand qui appartient à notre vocabulaire.

Il a souri, s'est éloigné.

Le chocolat n'était pas empoisonné.

Je parle des simples bidasses de la Wehrmacht, des troufions. Je ne parle pas des « colliers de chiens », ceux de la police militaire qui ne savent pas parler sans hurler. Je ne parle pas non plus de la Gestapo, personne d'ailleurs n'en parle, mais elle est là, traquant les résistants, emprisonnant, torturant. Les S.S., je ne pense pas qu'il y en ait chez nous, mais on murmure des choses terribles sur leur compte.

Les Allemands ne sont pas tous des S.S., j'en suis sûr. Il n'empêche, on sera bien content quand ils seront rentrés chez eux, même les moins méchants.

JUIF

20 février 1943

Ce matin, au collège, début des cours. Nous avons Longuet en français, mais chose inhabituelle de sa part, il est en retard.

– Ça ne lui arrive jamais !

– Peut-être qu'il est malade...

Nous commencions à nous inquiéter quand il est arrivé, échevelé, pâle, les traits tendus. Il lui a bien fallu une ou deux minutes pour reprendre son souffle.

– Asseyez-vous !

Et puis, brusquement, il s'est ravisé.

– Non, mes enfants, non, restez debout, s'il vous plaît !

Que lui arrivait-il ? Quelques secondes interminables se sont écoulées. Nous nous regardions sans comprendre.

– Mes enfants, votre camarade Simon a été arrêté ce matin, à l'aube, par la police française. Lui et toute sa famille y compris sa grand-mère et sa petite sœur de quatre ans.

Simon ! Notre copain Simon qui hier

encore était dans cette classe, à nos côtés ! Simon qui sourit toujours, qui ne se bagarre jamais, Simon le fort en maths. Mais que lui reproche-t-on ?

– M'sieur, qu'est-ce qu'il a fait ?

Longuet a secoué la tête.

– Il est juif, mes enfants. Je crois que c'est la seule raison.

– Mais, m'sieur, ce n'est pas un crime !

– Aux yeux de certains, je crains hélas que si.

Juif... Nous l'avions découvert l'année dernière lorsqu'il était arrivé en classe, une étoile jaune cousue au revers de sa veste, et que Longuet nous avait demandé de nous lever pour lui rendre hommage.

Juif... Nous ne comprenions pas, pas plus qu'aujourd'hui. Simon est comme nous, plus intelligent que certains, moins doué en sport que d'autres, mais c'est notre copain. On se sert des mêmes mots, on a appris à lire, on a grandi, on a joué ensemble sur les anciens remparts. Tous, nous admirons secrètement sa sœur aînée, Sylvia, qui a un teint de lait et de superbes cheveux roux. Sylvia a été arrêtée, elle aussi.

– M'sieur, pourquoi c'est la police française qui les arrête et pas les Allemands ?

Longuet a ouvert les mains, les a écartées en signe d'impuissance.

– Si je le savais, a-t-il murmuré. Si je le savais !

La famille de Simon, tu la connais, papa, tu l'as toujours connue. Son père est le tailleur le plus réputé de la ville, coupe parfaite, finition impeccable. Tu le sais bien, puisque c'est chez lui que tu commandais tes costumes. Il était président de l'Union des commerçants et conseiller municipal. Un homme respecté. Qu'il fût juif ou non n'avait aucune importance.

– M'sieur, qu'est-ce qu'on va lui faire, à Simon ?

Longuet est demeuré un instant silencieux.

– Je ne sais pas. J'espère de tout cœur qu'il ne lui arrivera rien de trop grave, ni à lui ni aux siens. D'après le peu que je sais, les Allemands rassemblent les Juifs dans des camps, avant de les envoyer en Allemagne, où ils doivent travailler durement. Espérons simplement qu'ils ne les maltraitent pas. Il faut garder confiance les enfants, penser qu'un jour Simon nous reviendra. Oui il le faut !

– M'sieur, pourquoi ils ne se sont pas cachés ?

Cette fois, il a souri tristement.

– C'est ce que beaucoup d'amis ont suggéré au père de Simon. Mais il ne le voulait pas. C'est un héros de la Grande Guerre, voyez-vous, il était à Verdun, au Chemin des Dames, il est couvert de décorations. Il pensait sans doute que cela suffirait pour les protéger, lui et les siens. Il s'est trompé, hélas !

– M'sieur, qu'est-ce que les Juifs ont fait aux Allemands pour qu'ils leur en veuillent tellement ?

– Tous les Allemands peut-être pas, sans doute pas. Mais les nazis oui. La haine des Juifs est un de leur credo.

Les Juifs. Avant, je ne savais même pas ce que cela voulait dire, sinon qu'on employait quelquefois le mot « juif » pour désigner quelqu'un d'avare. Mais on le dit aussi des Auvergnats et des Écossais, c'est une expression, rien de plus. À part ça, il y en a qui prétendent qu'ils étaient responsables de la mort de Jésus, qui d'ailleurs était juif, lui aussi. Et puis quoi ? Au bout de deux mille ans, ce n'est tout de même pas Simon qui l'a crucifié.

Nous demeurions là, debout, nous balançant d'un pied sur l'autre.

– Asseyez-vous, a dit Longuet. Aujourd'hui, nous délaisserons le programme. Je vais essayer de définir des mots, des grands mots, tels que « démocratie », « tolérance », « respect des autres ». Je définirai donc leurs contraires : « totalitarisme »,« intolérance », « racisme ». Ce sont des mots, mes enfants, mais il est important de les comprendre et de ne jamais oublier ce qu'ils signifient.

Il a parlé d'Hitler et du nazisme, du racisme qui l'accompagne et qui consiste à soutenir que les grands Germains aux yeux bleus sont infiniment supérieurs aux petits bruns aux yeux noirs…

– Cette guerre n'est pas seulement une horrible boucherie où les hommes s'entretuent par désir de puissance. C'est surtout le combat de la lumière contre la nuit, de la grandeur de l'homme contre sa bassesse.

Il monologuait, les yeux mi-clos. Nous l'écoutions en silence. Il me semblait soudain que les choses devenaient claires.

Quand la cloche a sonné, Longuet s'est arrêté.

– Nous laisserons libre la place de Simon, a-t-il conclu. Nous la garderons pour lui, jusqu'à ce qu'il nous revienne, jusqu'à ce que la lumière ait triomphé de la nuit.

En rentrant de l'école, je suis passé par la grande rue où Simon habitait, où son père avait sa boutique. Les volets étaient clos, une affiche était punaisée sur la porte. Je n'ai pas voulu la lire. Je suis monté dans ma chambre et j'ai écrit mon journal. Papa, j'avais besoin que tu saches !

LA QUEUE

1er mars 1943

Ce matin, pas d'école, pas de grasse matinée non plus. Hier le journal a annoncé une distribution exceptionnelle d'huile de colza, avec un ticket DK, je crois. À raison d'un quart de litre par personne, ça nous en faisait trois quarts. Pas question de rater une telle aubaine !

– Tom, c'est toi qui t'y colles, m'avait prévenu maman, la veille.

Donc, réveil à six heures. Quand je suis arrivé devant la boutique de Mme Narvor, une bonne cinquantaine de clients attendaient que l'épicière ouvre ses portes.

J'ai pris place, il ne restait plus qu'à patienter. Il faisait encore nuit, heureusement l'air était doux, il pleuvotait.

C'est drôle, les queues, on finit par y retrouver toujours à peu près les mêmes, les gens du quartier et d'autres dont on ne sait pas très bien d'où ils viennent, mais qui ont choisi la boutique de Mme Narvor pour « honorer leurs tickets ». Quelle bizarre expression, quel honneur peut-il y avoir à cela ! Pour passer le temps, les gens bavardent et les nouvelles les plus invraisemblables circulent. Tantôt Hitler a été converti au bouddhisme par un lama et doit partir incessamment pour le Tibet. Tantôt les Russes ont inventé une arme extraordinaire, une sorte de rayon de la mort qui fait fondre comme beurre au soleil les blindés et les avions...

– Encore quelques semaines et il sera définitivement au point. Ensuite, tous les Boches *kaputt* et la paix pour cet été !

– Vous êtes sûre de ce que vous avancez, madame Mercier ?

– Vous pensez. J'ai le neveu de la belle-mère de ma cousine germaine qui travaille à l'Institut de France !

– C'est un savant ?

– Euh, non ! Il travaille dans un bureau. N'empêche qu'il est bien placé !

Tantôt les Américains construisent des avions « hauts comme des immeubles de six étages », ou les Russes, encore eux, font secrètement revenir l'héritier des tsars pour qu'il prenne le pouvoir.

– Même Staline l'a supplié, à deux genoux, paraît-il ! Alors vous voyez bien, madame Rondeau !

On se demande où ils vont chercher tout ça. On n'y croit pas vraiment, mais parfois on se dit qu'il y a peut-être quelque chose de vrai. On appelle ça des bobards, il en circule des milliers dans les queues, en France et sans doute dans l'Europe entière !

Ce qui meuble bien l'attente aussi, ce sont les prophéties qu'on se passe de main en main. Il y a celles de Nostradamus, celles de sainte Odile, celles de Malachie. Elles ont pour point commun d'être rédigées de manière si mystérieuse qu'on n'y comprend rien.

Mais il y a toujours un malin qui vous explique que tel verset prédit la mort d'Hitler dans deux mois, ou que tel autre indique la date du débarquement.

Ce matin-là, pourtant, dans notre queue, ni bobards, ni prophéties, ni commentaires de la radio de Londres. Une ambiance particulière régnait, mélange d'énervement, de curiosité insatisfaite. Il m'a suffi d'ouvrir les oreilles pour être renseigné.

– Il paraît qu'il s'est étranglé avec son ceinturon.

– Moi on m'avait raconté qu'il s'était couché sur les rails.

– Pas du tout, voyons ! Il s'est jeté du haut du viaduc. On aurait pu le ramasser à la petite cuiller.

– C'était un officier ?

– Un *Oberleutnant* ou quelque chose comme ça ; en tout cas, il avait la croix de fer.

– Bof, ils l'ont tous, ou presque.

– Il a laissé une lettre expliquant que la guerre est perdue, qu'il ne veut pas aller en Russie et qu'Hitler a menti, que c'est un assassin.

– Chut, mademoiselle Bellanger. La Gestapo a des oreilles partout, vous le savez bien !

J'ai fini par reconstituer l'événement et cette fois, il ne doit pas s'agir d'un bobard. Nos Allemands viennent d'apprendre qu'ils vont être bientôt mutés sur le front de l'Est, synonyme de mort pour beaucoup d'entre eux. Un jeune officier n'a pas supporté la nouvelle et s'est suicidé.

– Et puis ma cousine Gisèle qui travaille comme aide à la cuisine du *Soldatenheim*, enfin du foyer du soldat… La pauvre, il faut bien qu'elle nourrisse sa marmaille ! Eh bien, Otto, le cuisinier, celui qui a des moustaches, le lui a confirmé. « Bientôt *nach* Moscou », puis il a fait un signe de la main comme s'il se tranchait la gorge, «*Nicht gut*, a-t-il dit, *alles kaputt*. »

– Depuis Stalingrad, on ne peut pas dire qu'ils aient le moral !

– Je me demande qui on va avoir à la place ; des gosses et des vieillards sans doute... À force de perdre des hommes, ils finiront par en manquer.

– Bah, c'est comme les punaises, plus on en détruit, plus il y en a.

À cet instant, Mme Narvor s'est enfin décidée à enlever les vantaux de bois qui ferment sa boutique, et la queue s'est à nouveau intéressée au problème essentiel : l'huile de colza.

– Vous croyez que l'on peut préparer des frites avec ?

– Moi je vais essayer, ce ne sera pas pire qu'avec la graisse de bœuf !

Le suicide du jeune Allemand était sorti des esprits.

Voilà, papa, le récit authentique d'une queue ordinaire devant une épicerie de quartier, au mois de mars 1943, à six heures du matin.

En revenant, je suis passé devant le magasin du père de Simon.

Quelqu'un a arraché l'affiche blanche et dessiné un grand V avec une croix de Lorraine. Où est Simon ? C'est comme s'il s'était volatilisé.

MARS

20 mars 1943

Ouf ! Ça va mieux !

Ces dernières semaines, la vie n'a pas été facile, ce qui explique que j'ai été si longtemps sans tenir ce journal.

D'abord, nous avons eu droit à un vrai temps de cochon, un retour d'hiver particulièrement soigné : du vent, de la pluie verglacée, du brouillard givrant. Notre poêle s'est encrassé à force de brûler du mauvais charbon et au collège, les engelures ont réapparu massivement. Avec le mois de mars, tout le monde avait pensé : voilà le printemps qui arrive, les jours vont allonger, les bourgeons grossir, éclater... Grossière erreur, nous étions en hiver comme jamais.

Pour moi, l'espérance du printemps concernait surtout mes lapins. Je me disais que bientôt l'herbe pousserait, que je n'aurais bientôt plus qu'à me baisser pour ramasser pissenlits, laiterons... Je scrutais la terre, histoire de les aider à sortir plus vite.

Et puis, patatras ! Un matin, je les ai trouvés crevés, mes lapins, tous les six, boules grises encore tièdes sur leur litière. Tous, papa ! Aucun survivant ! La grosse mère Niniche qui attendait ses petits, Ramuntcho, Ziza, Courtenpatte, Louis XIV, Mardochée. D'abord j'ai refusé d'y croire, j'ai essayé de les ranimer, mais j'ai dû me rendre à l'évidence. Bêtement, je les ai alignés comme s'il s'agissait d'un trophée de chasse. Je suis resté longtemps à les regarder. Je ne pouvais m'empêcher de penser à ces heures passées à leur chercher de la nourriture, à changer leur litière, pour rien ! Je trouvais que c'était trop idiot, trop injuste surtout.

Que s'était-il passé ? J'avais dû, sans y prendre garde, leur donner à manger quelque chose qui ne leur convenait pas, mais quoi ? À moins qu'ils n'aient attrapé une maladie, mais je ne suis pas vétérinaire ! Le plus grave c'était que notre pitance s'évanouissait. J'avais projeté de sacrifier Louis XIV pour le dimanche de Pâques, maman nous aurait mijoté un bon civet. Eh bien, c'était raté.

Je les ai dépiautés, j'ai retourné leurs peaux après les avoir traitées convenablement, j'ai bourré leurs dépouilles de paille sèche et je les ai accrochées dans l'atelier du fond de la cour. C'est chaud les peaux de lapin, ça peut s'échanger contre autre chose.

Quand même, le moral était bas !

Là-dessus, deux ou trois jours plus tard, maman est tombée malade. Tu la connais, elle ne se plaint jamais, ne s'apitoie pas sur son sort, elle s'active sans arrêt, elle a une santé de fer. Jusqu'à ce soir-là, je la croyais indestructible.

Elle cousait à la machine, comme presque tout le temps. La Singer de maman est un objet à la fois familier et sacré, elle nous fait vivre. Elle en aura taillé des chemises dans les draps ou dans les nappes, recoupé des jupes de grand-mères à la taille des petites-filles, repris des costumes de pères pour que les fils les portent ! Dans la période de vaches maigres que nous traversons, maman et sa machine accomplissent des miracles. Il ne se passe pas un jour sans qu'on vienne la voir.

– Avec cette chemise de nuit, il est possible de confectionner une robe pour mon aînée, vous ne croyez pas ?

– C'est de la bonne toile à matelas, une fois teinte en bleue et arrangée, elle pourrait faire un veston très convenable !

C'est vrai, nous sommes accoutrés de bric et de broc (à part les « marchés noirs » qui se pavanent dans des costumes d'avant-guerre). On n'y prête guère attention, on ne pense même plus à rire lorsque l'un d'entre nous arbore une tenue bizarre ou extravagante.

Beaucoup de ces « chefs-d'œuvre » doivent le jour à maman et à sa Singer...

Le crissement de la pédale que maman actionne au pied appartient aux bruits familiers de la maison, il est tellement habituel que je ne l'entends même plus.

Aussi ce soir-là, quand brusquement il s'est arrêté, j'ai senti qu'il se passait quelque chose d'anormal et j'ai levé la tête. Alice était couchée, j'étais seul avec maman.

– Maman !

Elle se tenait la tête à deux mains et respirait avec peine.

– M'man, qu'est-ce qu'il y a ?

Elle a esquissé un pauvre sourire.

– Je ne sais pas, Tom, je crois que je suis malade.

Pour qu'elle l'avoue, il fallait que ce soit vrai !

Je ne te raconterai pas tous les détails. J'ai aidé maman à se mettre au lit, puis, malgré le couvre-feu, j'ai couru chercher le docteur Grivot qui heureusement était chez lui. Il est venu, il a ausculté maman.

– Une grippe carabinée, a-t-il diagnostiqué, accompagnée de beaucoup de fatigue et de privations.

Il m'a laissé des remèdes (ils se font rares, eux aussi !); je me suis retrouvé au chevet de maman. Elle devait avoir beaucoup de fièvre car elle était très rouge. Elle n'arrêtait pas de bouger, elle délirait, elle t'appelait sans cesse. Je ne pouvais que lui essuyer le front de temps en temps. Les remèdes du docteur Grivot ont fini par agir, elle s'est calmée peu à peu et a sombré dans un sommeil agité. J'étais mort de fatigue, mort d'angoisse surtout, des tas de pensées me trottaient dans la tête.

« Si maman est hospitalisée, comment vais-je me débrouiller avec Alice ? La guerre durera peut-être encore des années et des années ? Et papa qui est absent, et mes lapins qui sont morts, et Simon emmené on ne sait où ! »

J'ai fini par plonger à mon tour dans un sommeil peuplé de cauchemars.

Je me suis réveillé en sursaut, avec l'impression de ne pas avoir dormi. Maman reposait. J'ai secoué Alice pour qu'elle ne soit pas en retard à l'école. Quant à moi, pas question d'aller au collège, je ne pouvais pas laisser maman seule.

Elle était moins agitée mais elle paraissait terriblement lasse. Je me demandais comment j'allais m'organiser quand on a sonné à la porte. C'était tata Pauline. En la voyant, j'ai su que maman guérirait, que tout s'arrangerait.

Elle m'a collé sur les joues deux bises retentissantes.

– Alors, mon pauvre lapin !

J'étais si heureux de la voir arriver que ça ne m'a même pas énervé qu'elle m'appelle ainsi !

Tata Pauline a agi comme une tornade bienfaisante. En un rien de temps, elle s'est occupée de maman, a chauffé l'orge du petit-déjeuner, ouvert les fenêtres pour aérer, rangé « la couture » éparpillée autour de la Singer.

– Tata, comment tu as su, pour maman ?

– C'est la bonne du docteur Grivot qui m'a prévenue. Je l'ai croisée ce matin à la boulangerie. À l'en croire, ta pauvre mère était à l'article de la mort. Je suis rentrée dare-dare à la maison, j'ai dit à ton oncle de se débrouiller avec les enfants et me voici !

Avec elle, la vie reprenait un cours normal. Si maman n'avait pas été aussi fatiguée, ça aurait presque été des vacances !

Les jours suivants, tata Pauline a continué ses miracles. Pour que maman reprenne des forces, il fallait absolument qu'elle mange. Alors Tata a fait surgir d'on ne sait où des biftecks presque tendres, du lait crémeux, des tartines beurrées. Une fois, elle est revenue triomphalement avec une sole. Tu te rends compte, papa, une vraie sole, comme je n'en avais pas vu depuis le début de la guerre ! Alice tournait autour de ce poisson bizarre, en se demandant ce que ça pouvait être.

Maman a eu beau protester que c'était une folie, il a bien fallu qu'elle la mange, et qu'elle la mange seule. Elle est parvenue à en donner un morceau à Alice, pour goûter.

Voilà. Maintenant maman est presque guérie. Mais interdiction de se fatiguer et défense absolue de toucher à sa Singer avant quinze jours au moins.

Tata Pauline a regagné son foyer, mais avant de partir elle m'a dit :

– Tom, tu ne vas pas rester sans lapins, ce n'est vraiment pas le moment.

– Non mais…
– Jeudi prochain, je te propose une expédition chez les Pelletier, à La Noue. Ton amie Anne-Lise te trouvera sûrement une nichée de lapins magiques. Tu es d'accord ?
J'ai trouvé que c'était une excellente idée.

L'INCONNU

3 avril 1943

Ça y est ! J'ai à nouveau un couple de lapins dans le clapier du jardin, un mâle et une femelle, d'un blanc immaculé, aux yeux rouges. Il paraît que ce sont des lapins russes !

Je les ai appelés Igor et Maroussia. Maroussia ne tardera pas à avoir des petits et, comme le printemps est là, je n'aurai aucun mal à les nourrir. Dans trois mois, maman nous mijotera à nouveau civets et gibelottes.

Les plants de pommes de terre pointent leur nez hors de terre. D'un jour à l'autre, les doryphores vont pondre leurs sales œufs qui écloront très vite en larves dégoûtantes et dévoreuses. Elles attaqueront, nous nous défendrons. Comme dirait l'oncle Arnaud, la vie est un perpétuel combat !

La semaine dernière, nous nous sommes rendus à La Noue, tata Pauline et moi, directement, sans faire notre habituelle tournée des fermes.

C'était le printemps, papa, et c'était merveilleux. Après ce sombre hiver, après ces journées grises et froides, c'était un plaisir de pédaler sous un ciel sans nuages, parmi les aubépines en fleur. Tata Pauline chantonnait :

Manon, voici le soleil
C'est le printemps c'est l'éveil
C'est l'amour maître des choses.

Ou bien :

Mignonne, voici l'Avril
le printemps revient d'exil
Tous les nids sont en querelle !

Tu t'en souviens, elle a un répertoire inépuisable de chansons : des cantiques, des airs d'opérette, les derniers succès de Tino Rossi ou de Maurice Chevalier. Je me demande comment elle parvient à pédaler et chanter sans jamais paraître essoufflée.

Quand nous sommes arrivés à La Noue, les deux gros chiens noirs se sont précipités vers nous, en aboyant sauvagement. On avait beau les connaître, ils nous effrayaient presque. Mais dès qu'ils nous ont reconnus, ils se sont mis à remuer la queue, à pousser des petits gémissements de plaisir, à se rouler par terre.

« De vrais comédiens », dit Anne-Lise.

La ferme était calme. Au loin, dans les

champs, on apercevait M. Pelletier guidant ses deux chevaux attelés à la charrue.

– C'est nous, a claironné tata Pauline en pénétrant dans la salle commune.

Le grand-père rêvassait dans son fauteuil. La grand-mère était à son rouet, elle a souri en nous reconnaissant.

– Ma bru doit être à l'étable. Allez la rejoindre si le cœur vous en dit, vous connaissez les lieux !

En traversant la cour, à hauteur du vieux puits, nous avons croisé un homme que nous ne connaissions pas, un grand gaillard, noir comme un pruneau et barbu comme un missionnaire. En nous apercevant, il s'est arrêté, j'ai eu l'impression qu'il allait tourner les talons et s'enfuir. Il s'est ravisé, nous a croisés en grommelant un vague « bonjour ».

Mme Pelletier bichonnait une belle vache rousse, tandis qu'Anne-Lise s'occupait du petit veau qui venait de naître.

– Vous avez embauché de la main-d'œuvre, Adeline ? a demandé tata Pauline. Il est costaud, votre nouvel ouvrier !

D'un coup, le visage habituellement avenant de Mme Pelletier s'est fermé. Elle est demeurée un moment silencieuse.

– Ce n'est pas un ouvrier, a-t-elle murmuré. C'est... c'est un ami de passage.

Puis elle a ajouté, dans un murmure :

– Pour tout le monde, pour lui, pour nous, et aussi pour vous, il serait préférable que vous l'oubliiez. Je vous le demande, faites comme si vous ne l'aviez jamais vu.

Puis elle nous a priés de l'accompagner jusqu'à la maison. Nous avons parlé d'autre chose, son beau sourire est revenu.

Plus tard, Anne-Lise m'a amené choisir mes lapins. À La Noue, ils en ont des dizaines, ils n'ont pas de problème de nourriture. Il y en a des gris, des noirs, des géants des Flandres, des angoras.

– Lesquels veux-tu ?

– Choisis pour moi.

Elle a hésité longuement, allant d'une cage à l'autre, pour finalement s'arrêter devant les lapins blancs aux yeux rouges.

– Ceux-là, a-t-elle décidé.

– Pourquoi eux ?

– Je ne sais pas. Peut-être parce que c'est une espèce résistante, peut-être parce qu'ils sont russes. Tu sais, en ce moment, les Russes nous montrent ce qu'ils sont capables de faire. Je te les donne.

– Mais non. Je les achète, ou je te les échange contre une chambre à air !

– Mon vélo est en bon état, garde-la pour la troquer.

– Ta mère ne sera pas d'accord !

– Bien sûr que si !

Comme d'habitude, nous avons parlé de tout et de rien. Elle m'a montré un nid de mésanges, un nid de merles. Nous sommes retournés voir le petit veau qui tétait goulûment sa mère. Je n'ai pas mentionné le barbu étranger… Puisque nous étions censés ne pas l'avoir rencontré…

Nous sommes repartis, tata Pauline et moi, avec notre habituel chargement. J'avais installé mes deux lapins sur le porte-bagages, dans une boîte en carton, et il me fallait rouler doucement pour ne pas les faire tomber.

Tata Pauline ne chantait plus. Elle semblait grave, préoccupée. Comme à chaque voyage, nous nous sommes arrêtés à mi-chemin, sous un vieil orme, afin de nous reposer un peu.

– Qu'y a-t-il, Tata ?

Elle a haussé les épaules.

– Je sens qu'il se passe des choses à La Noue, ou dans le voisinage. Des choses qui me font peur pour les Pelletier.

– Quoi, Tata ?

Elle s'est remise en selle, brusquement.

– Tom, nous avons promis d'oublier ce que nous avons vu. Eh bien, tenons parole.

Nous sommes rentrés à la maison en silence.

LA MILICE

14 avril 1943

Avant-hier soir, la tante Zabeth a frappé à notre porte. C'est moi qui lui ai ouvert, et j'ai été plutôt surpris en la voyant : tante Zabeth est une femme qui ne se permet pas d'arriver à l'improviste « chez les gens », même chez sa belle-sœur. Et puis elle paraissait bizarre, sa voilette dont elle ne se sépare jamais était de travers. J'ai trouvé qu'elle avait une tête de poule effarouchée !

Elle est gentille, tante Zabeth, et je l'aime bien. Certes, elle ne ressemble pas à tata Pauline, c'est plutôt son contraire, mais tout le monde s'accorde pour vanter sa discrétion, ses bonnes manières, sa façon d'élever ses enfants et sa soumission exemplaire aux volontés de l'oncle Arnaud.

Elle m'a à peine embrassé.

– Ta maman est là, mon petit ?

– Bien sûr, tante.

Elle s'est arrêtée net devant la glace du vestibule.

– Seigneur, de quoi ai-je l'air ! a-t-elle murmuré, en remettant un peu d'ordre dans sa toilette.

– Il faut que je lui parle, Thomas, il faut que je vois ta mère… mais en privé.

J'ai compris que ma présence n'était pas souhaitée. Je les ai donc laissées en tête à tête et j'ai gagné ma chambre.

Elle est restée longtemps, elle est partie juste avant le couvre-feu. Maman l'a accompagnée jusqu'à la porte.

– Je ferai ce que je pourrai, Élisabeth. Mais tu connais Arnaud mieux que moi. Quand il a pris une décision…

– Merci d'essayer, a chevroté ma tante.

J'ai entendu son pas menu décroître sur les pavés de la rue.

Après dîner, Alice est montée se coucher et nous nous sommes retrouvés seuls, maman et moi. Elle est encore pâlotte et, conformément aux prescriptions du docteur, elle évite de se remettre à sa Singer le soir.

– Tom, m'a-t-elle dit, il se passe des choses qui ne me plaisent pas.

– Chez tante Zabeth ?

– Oui. Figure-toi que Xavier envisage de signer un engagement dans la Milice, avec la bénédiction de son père.

La Milice, on en parle de plus en plus, et pas en bien, je t'assure ! C'est une sorte de police, créée par Darnand, qui a pour but de pourchasser les Juifs, de traquer les réfractaires au S.T.O.[1], d'anéantir les résistants. Il n'y en a pas chez nous, du moins pas encore, mais ce qu'on murmure sur le compte des miliciens fait trembler les gens. Elle ne dépend même pas de Laval, mais directement des Allemands. Alors, voir Xavier, mon cousin germain, endosser ce sinistre uniforme !

– Mais, maman, ce n'est pas possible !

– Tante Zabeth en est sûre, elle en pleurait, la pauvre !

Xavier est mon grand cousin, celui qu'on me cite en exemple : Xavier ne tache jamais ses costumes, travaille bien en classe. « Il n'a pas énormément de facilités, mais il est tellement appliqué ! » Xavier a une belle écriture, Xavier se lave à l'eau froide, n'oublie jamais de se brosser les dents. Je connaissais par cœur ses innombrables mérites.

Avec moi, il a toujours été gentil, un peu sûr de lui, un peu protecteur, mais c'est normal puisqu'il a six ans de plus que moi.

On peut sans doute le trouver énervant, mais de là à ce qu'il s'engage dans la Milice !

1. S.T.O.: Service du Travail Obligatoire.

– Mais quelle mouche l'a piqué ?

Maman prend son temps avant de répondre, elle a besoin de réfléchir, elle aussi.

– Il a sûrement ses raisons, murmure-t-elle. D'après Zabeth, c'est le seul moyen qu'il ait trouvé pour échapper au S.T.O. en Allemagne. Il a trop peur des bombardements !

– Il n'a qu'à se planquer, comme beaucoup d'autres !

Maman soupire.

– Tu connais les principes de ton oncle Arnaud, qui sont devenus ceux de Xavier : les réfractaires sont d'affreux Bolcheviks, des ennemis du Maréchal et de la rénovation nationale.

– C'est idiot !

– C'est idiot, mais c'est ce qu'ils pensent. Je crois surtout que Xavier est victime des grands discours de son père sur l'ordre, l'obéissance, la fidélité ; il est vrai que nous avons été élevés avec ces valeurs, Arnaud et moi. Elles sont bonnes, mais elles peuvent devenir dangereuses quand l'ennemi est là et qu'il faut se révolter, désobéir, refuser.

– Xavier ne peut pas s'engager, j'aurais trop honte !

Elle m'a regardé longuement, puis elle a souri en haussant légèrement les épaules.

– Il ne s'agit pas de toi, Tom !

– Mais maman, c'est mon cousin, il appartient à notre famille !

– Tu as un cousin, Jacques, le fils de tata Pauline, qui combat actuellement en Tunisie aux côtés des Alliés. Tu n'es responsable ni de l'un ni de l'autre.

– Qu'est-ce que tu vas faire, maman ?

Elle a hoché la tête.

– J'ai promis à Zabeth de parler demain à ton oncle Arnaud. C'est mon frère et je l'aime bien, malgré tout. Zabeth pense, enfin elle s'imagine, que je peux peser sur sa décision, s'il en est encore temps. Je vais essayer, mais je ne me fais guère d'illusions !

La rencontre n'a rien donné, et maman a été proprement mise à la porte par un oncle Arnaud sûr de lui, de son engagement, de sa bonne foi.

– Ma chère sœur, la Milice est une force saine de la nation, une des seules qui nous reste. Si Xavier veut y servir, non seulement je ne m'y oppose pas, mais je suis fier de lui.

Que pouvait répondre maman ?

Elle paraissait triste, découragée.

– Il est probable, a-t-elle murmuré, que

dans quelques mois Arnaud regrettera amèrement la décision de son fils et les encouragements qu'il lui a prodigués. Espérons seulement que Xavier, qui est mon filleul, ne souillera pas ses mains du sang des nôtres. Oui, Tom, espérons, c'est tout ce qui est en notre pouvoir.

L'ARRESTATION

27 avril 1943

Ils ont arrêté Longuet !

J'écris mon journal alors que je devrais être en classe. Mais, à cause de cette arrestation, on nous a renvoyés chez nous.

Longuet habite en dehors des remparts une petite maison avec sa vieille mère. Il n'est pas marié, il est trop occupé par ses bouquins.

La Gestapo a débarqué chez lui à cinq heures, ce matin. Les hommes à chapeau noir et à imperméable gris ont piétiné les fleurs de son jardin pour cerner la maison.

Puis ils sont entrés. Longuet devait dormir, il n'a certainement rien pu faire pour essayer de s'enfuir.

Ils ont fouillé la maison de la cave au grenier, déchirant les livres, éventrant les matelas, défonçant les portes... un vrai carnage !

Ont-ils trouvé ce qu'ils cherchaient ?

Y avait-il quelque chose à trouver ?

En tout cas, ils ont embarqué notre prof dans une traction noire et ont démarré pour une destination inconnue, laissant sa vieille mère morte de terreur, au milieu de ce gâchis.

Nous, nous sommes allés au collège à l'heure habituelle, sans bien sûr nous douter de rien. Justement, nous avions cours avec Longuet. Nous avons gagné notre classe en chahutant un peu. Pas de prof ! D'habitude, Longuet est l'exactitude personnifiée, aussi au bout de cinq minutes nous avons commencé à nous inquiéter.

– Qu'est-ce qu'il fabrique ?

L'un de nous a murmuré :

– La dernière fois qu'il était en retard, c'est quand les policiers ont arrêté Simon.

Là-dessus, le directeur est entré, Bouboule, ainsi l'appelle-t-on parce qu'il est chauve et rond comme une boule de billard. Habituellement son visage est haut en couleur, plutôt rubicond. Aujourd'hui il était pâle, presque blanc.

– Mes enfants, on vient de m'avertir que votre professeur, monsieur Longuet, a été arrêté ce matin par la police allemande.

Un silence de mort a envahi la classe.

– À l'heure où je vous parle, je n'ai aucune nouvelle de lui, je n'ai aucune idée non plus de ce qui a provoqué son arrestation. J'espère seulement que les Allemands s'apercevront de leur erreur et qu'ils le relâcheront rapidement.

Nous sommes rentrés ensemble, Hervé et moi, bouleversés.

– Qu'en penses-tu, Tom ?

– Je ne sais pas. Peut-être que Longuet appartient à un réseau de Résistance…

– Oui, peut-être.

Brusquement, Hervé s'est immobilisé au milieu de la rue.

– Et si c'était nous ? a-t-il murmuré.

– Nous quoi ?

– Nous qui étions responsables de son arrestation.

– Je ne comprends pas !

– Tu te souviens, quand Simon a été arrêté…

– Oh oui !

– Tu te souviens du discours que Longuet a tenu, sur l'intolérance, le racisme.

– Bien sûr.

– Il a parlé d'Hitler, du nazisme…

– Le combat de la lumière contre la nuit…

– Tu ne crois pas qu'il y avait de quoi déplaire à la Gestapo ?

– Bien sûr que si, mais…

J'ai compris où Hervé voulait en venir.

– Tu penses que c'est un élève qui l'a dénoncé ?

Il a haussé les épaules.

– Je n'en sais rien, mais c'est possible !

Soudain les visages de mes copains ont défilé dans mon esprit : Chazot, Delalande, le gros Hervieux, le petit Monot.

– Mais tu es fou, aucun d'eux ne serait capable d'un tel geste, aucun !

– Il paraît qu'à la *Kommandantur*, les Allemands reçoivent tous les jours des dizaines de lettres de dénonciation, écrites par de braves gens à qui on donnerait le bon Dieu sans confession !

– Pas dans notre classe, Hervé. Non. Même pas les « marchés noirs », même pas les « collabos ».

Notre classe surchargée compte plus de trente élèves. Seuls cinq ou six élèves méritent ces dénominations infamantes. Charpentier, dont le père est hôtelier et président de l'association « France-Allemagne », ayant droit aux deux titres. En général, les fils reflètent les opinions de leurs parents ou défendent leurs privilèges financiers. Je n'éprouve pas beaucoup de sympathie à leur égard, mais les accuser d'avoir dénoncé notre prof, c'est un grand pas à franchir.

– Hervé, je trouve que tu vas un peu vite.

– Je n'accuse personne. Je dis simplement qu'il faut ouvrir nos yeux et nos oreilles et fermer notre bouche.

– Si on t'écoutait, l'atmosphère de la classe deviendrait rapidement irrespirable !

– Et tu crois que l'atmosphère que respire Longuet en ce moment est pure ?

Hervé est ainsi, péremptoire, définitif.

– Je me refuse à accuser sans preuves, un point c'est tout, ai-je fini par répondre.

Nous nous sommes séparés là-dessus.

J'ai pris mon journal et je t'écris, papa, comme si tu pouvais me conseiller sur ce que je dois faire. Mais tu es loin, je suis seul. Et Longuet, Longuet qui nous parlait d'Apollinaire et de Nerval comme d'amis intimes, Longuet avec son petit sourire ironique et ses grandes mains, Longuet qui ne nous traitait jamais en gamins indociles, mais en adultes responsables, où est-il pendant que je t'écris ?

DISPARITION

14 mai 1943

Hier soir, à la radio de Londres, on a entendu une bonne nouvelle : les Allemands et les Italiens ont capitulé au cap Bon. Il n'y a plus un Fridolin en Tunisie ! Des milliers de prisonniers, des tonnes de matériel sont entre les mains des Alliés. Les forces de la nouvelle armée française participaient aux opérations. Le cousin Jacques en fait partie, j'essaie de l'imaginer sous un uniforme, lui qui affichait si fort des opinions antimilitaristes.

Plus d'Allemands en Afrique du Nord, c'est bien quand on pense qu'il n'y a pas si longtemps ils étaient aux portes du Caire. Maintenant, il faut que les Alliés traversent la Méditerranée et débarquent en Europe. Cela risque d'être une autre affaire !

Pendant que Jacques se couvre de gloire en Afrique (du moins, je l'espère !), l'autre cousin, Xavier, est parti pour le Midi, à Uriage, où l'on forme les futurs membres de la Milice. Il n'est pas venu nous faire ses adieux, il n'a sans doute pas osé. C'est mieux ainsi, car je ne sais pas ce qu'on aurait bien pu lui dire.

Aucune nouvelle de Longuet. Le silence total. Certains prétendent qu'il a été envoyé directement en Allemagne, d'autres qu'il a été fusillé. Personne n'en sait rien, mais ce qui est certain, hélas, c'est qu'il n'a pas été relâché.

Au collège, nous avons droit à un prof de remplacement, M. Duresec (je n'invente pas) un vieux d'au moins soixante ans qu'on a tiré de sa retraite pour la circonstance. Malgré son nom, c'est la douceur même, il n'élève jamais la voix, nous pourrions facilement le chahuter, mais nous restons calmes, à cause de Longuet sans doute. Il est gentil, gentil, il ronronne ses cours, il est plutôt rasoir. Ses écrivains préférés semblent être Boileau et Bossuet, cela nous change de Longuet et de ses toquades enthousiastes pour Lautréamont et Rimbaud.

Aucune nouvelle non plus de Simon et de sa famille. C'est comme s'ils n'avaient jamais existé. Dans notre petite ville, si calme malgré la guerre, des gens disparaissent, des gens qu'on côtoyait chaque jour, qu'on connaissait depuis toujours et pourtant nous continuons de vivre, d'aller à l'école, de faire la queue, comme si de rien n'était.

Si de telles disparitions se produisent ainsi dans des centaines, dans des milliers de petites villes en Europe occupée, aux Pays-Bas, en Pologne, en Russie, en Grèce, où vont les gens ? Il y a des milliers ou des dizaines de milliers, peut-être davantage, de Longuet, de Simon, dont on ne sait plus rien, comme s'ils n'avaient jamais vécu.

Est-ce qu'elle va enfin se décider à finir cette sale guerre ? Quelquefois, j'imagine ce que serait notre vie si elle n'avait pas eu lieu. D'abord tu serais près de nous, papa, tu t'occuperais tranquillement de ton cabinet d'assurances, nous irions à la pêche ensemble, tu me montrerais comment faire. Aux prochaines vacances, sans doute partirions-nous pour Granville, dans la villa rose... maman ne s'escrimerait plus sur sa Singer, elle s'en servirait juste pour se confectionner des robes élégantes, dans un tissu digne de ce nom. Longuet nous parlerait de ses poètes favoris, Simon jouerait avec nous sur les remparts.

J'étais encore un petit garçon quand la guerre a commencé. Au train où vont les choses, je serai presque un homme quand elle finira (si elle finit un jour !). Je sais bien qu'il y a des gens beaucoup plus malheureux que moi en ce moment, mais quand même, j'ai l'impression qu'on m'a volé quelque chose !

Les jours sont gris, souvent noirs. Moi, je voudrais qu'ils soient jaune d'or, orange soleil, bleu martin-pêcheur. Je voudrais une vie de toutes les couleurs !

LES DORYPHORES

25 mai 1943

Maroussia, la lapine, a eu quatre petits : Volga, Niémen, Léna et Néva. Il leur faut des noms russes, puisque ce sont des lapins russes ! Je ne sais pas encore si ce sont des mâles ou des femelles, ce n'est pas facile à voir. Je changerai leurs noms si besoin est, ce ne sont pas les fleuves qui manquent en Union soviétique !

En ce moment, aucun problème pour les nourrir, l'herbe pousse partout, il n'y a qu'à se baisser. Le soir, après l'école, j'emmène Alice faire un tour et nous revenons les bras chargés de nourriture odorante. Quel dommage qu'on ne puisse en mettre de côté pour l'hiver, cela m'ôterait bien des soucis.

Donc, sur le front lapins, tout va bien.

Par contre sur le front doryphores, c'est plus dur.

Les insectes adultes sont d'assez belles bêtes, genre grosses coccinelles rayées jaune et noir. Il n'y en aurait que deux ou trois, on les trouverait plutôt sympathiques. Mais ils sont des milliers. Et ils pondent des millions de larves.

Les larves de doryphores sont immondes, répugnantes. Elles ressemblent à des vers rosâtres ou rougeâtres, courtaudes, molles, elles dévorent les feuilles des plants de pommes de terre à une vitesse phénoménale. Elles ne doivent jamais dormir, jamais se reposer, elles mangent sans cesse.

Si on les laisse se rassasier, en quelques jours le plant est dépouillé de ses feuilles, il ne reste qu'un moignon et il n'a plus qu'à crever. Les pauvres patates sous terre en font autant.

Il faut donc réagir, se battre !

Parce que notre provision de patates nous est indispensable pour passer l'hiver.

Entre nous et les doryphores, c'est donc une lutte à mort !

Les jours sont longs en ce moment, heureusement. Tous les matins, avant le collège, je lance les opérations : armé d'une boîte de conserve, je parcours les rangs et je ramasse les répugnantes créatures. Je regarde bien sous les feuilles, parce qu'elles se cachent dans le moindre repli.

Quand la boîte est pleine, je la vide dans la cheminée de l'atelier du fond de la cour, où j'ai allumé un grand feu. Les larves se rétractent un peu, grésillent en dégageant une sale odeur de roussi. Je n'éprouve aucune pitié, je prends ma boîte et je repars à l'attaque.

Dans la soirée, après avoir ramassé l'herbe des lapins, deuxième séance. Alice m'aide, mais les insectes la dégoûtent tellement qu'elle n'est pas très efficace ! Enfin, grâce à cette lutte quotidienne, on arrive à limiter les dégâts mais il ne faut pas se relâcher, ne serait-ce qu'un jour, parce que les maudites bestioles ne demandent qu'à proliférer.

Il paraît que les doryphores sont venus d'Amérique, un an ou deux avant la guerre. Autrefois, on ne les connaissait pas. J'espère que les soldats américains, lorsqu'ils débarqueront, seront plus sympathiques !

LE BOMBARDEMENT

3 juin 1943

La nuit dernière, notre ville a subi son premier bombardement. Jusqu'alors, nous avions connu quelques alertes, quelques tirs de D.C.A.[1] qui se perdaient dans les nuages, il n'y a guère ici d'objectifs stratégiques importants : une petite *Kommandantur*, une centaine de bidasses, rien de très intéressant pour les bombardiers de la R.A.F.[2]

Par contre, il y a le viaduc. La ligne a beau être secondaire, elle est très utilisée par nos occupants pour acheminer ravitaillement et munitions vers le mur de l'Atlantique.

C'est le viaduc que les avions visaient mais ils l'ont raté !

Il devait être dix heures et demie, onze heures peut-être. Je dormais profondément lorsque les sirènes se sont mises à beugler. Tu connais sûrement le système, papa, un son discontinu pour un début d'alerte, un son continu pour la fin. Cette fois, c'était

1. D.C.A.: Défense Contre Avions, artillerie lourde ou légère spécialisée dans la défense aérienne.
2. R.A.F.: Royal Air Force, aviation anglaise.

le début, impossible de s'y tromper. J'entendais les sirènes dans mon sommeil, elles me semblaient venir de très loin et je n'avais aucune envie de me réveiller. Comme je te l'ai dit, nous avions connu plusieurs alertes peu sérieuses, alors à quoi bon se lever, s'habiller, descendre dans les abris si c'est pour remonter dix minutes ou un quart d'heure plus tard ?

Soudain la D.C.A. s'est ébranlée, rageuse, obstinée, au rythme du « tac-tac » des mitrailleuses et du « boum-boum » des canons de gros calibre. Le vacarme était tel que je me suis décidé à sauter de mon lit. J'ai regardé par la fenêtre : un vrai spectacle de quatorze juillet ! Les balles traceuses vertes, jaunes ou rouges montaient vers le ciel que les faisceaux des projecteurs balayaient en tous sens à la recherche de leur proie.

– Tom, m'a crié maman, descends vite !

Je l'ai rejointe. Au creux de ses bras, enroulée dans une couverture, Alice dormait toujours.

– Il me semble que c'est plus sérieux que d'habitude. Nous ferions mieux de gagner l'abri !

Tu le sais, nous n'avons pas de cave. C'est donc chez M. Thébert, deux maisons plus loin, que nous nous sommes précipités, tandis que les éclats d'obus crépitaient sur le pavé autour de nous. La cave a été renforcée à l'aide de poutrelles et dotée d'une issue de secours. Il paraît que c'est un bon abri mais, comme disent les affiches de la défense passive : « contre les coups au but, il n'est pas de protection » !

Nous voilà donc installés tant bien que mal sur des caisses en compagnie des Thébert, de Mme Larivière – celle qui fait la queue à la place des autres – de Mme Gisèle couverte de ses bijoux, elle a au moins cinq colliers autour de son cou, des bagues à chaque doigt et des bracelets jusqu'au coude !

Là-haut, le vacarme continue. Il a même tendance à croître.

– Cette fois, c'est sérieux !

– Oui, on dirait que c'est pour nous !

À ce moment, les bombes ont éclaté, dominant le tapage de la D.C.A., un bruit si fort qu'on avait l'impression qu'elles tombaient sur la maison.

Les déflagrations ont duré cinq minutes, peut-être moins, mais on aurait dit qu'il s'écoulait des heures.

Mme Larivière se signait en récitant des Pater et des Ave, Mme Gisèle poussait des petits couinements en triturant les perles de ses colliers, Alice avait blotti son visage au creux de l'épaule de maman et pleurait...

Tout à coup, le silence ! Encore quelques rafales de mitrailleuses, quelques salves de canons. Puis, plus rien.

Nous nous regardions, muets, hébétés.

Le son continu de la sirène a déchiré la nuit. L'alerte était finie. En sortant de la cave, nous avons vu les lueurs des incendies, du côté du viaduc.

– Pourvu qu'il n'y ait pas eu de victimes, a soupiré maman sans trop y croire.

J'ai regagné mon lit. J'étais tellement énervé que je n'arrivais pas à me rendormir.

Ce matin, au collège, l'excitation était à son comble. Les élèves qui habitent le quartier du viaduc prenaient des airs de héros.

– Une bombe est tombée juste à côté de chez moi, plastronnait le gros Hervieux, sur la maison du cordonnier. Il n'y a plus qu'un trou béant.

– Il y a des morts ?

– Sûrement, mais je ne sais pas combien.

– Et le viaduc ?

– Plus solide que jamais. Je suis même passé en dessous pour venir.

M. Duresec est arrivé en retard, pâle, les traits tirés. Lui aussi habite le quartier bombardé.

– Ma maison n'a plus de toit, a-t-il soupiré, les murs sont lézardés. Je vais sans doute devoir déménager, mais pour m'installer où ? Voyez-vous, les enfants, c'est dans cette maison que je suis né, que j'ai grandi. J'y ai toujours vécu.

Il a poussé encore deux ou trois gros soupirs, puis a tenté de se ressaisir.

– Allons, a-t-il murmuré, au travail !

Ni lui ni nous n'avions le cœur à l'ouvrage.

Ce soir, en sortant du collège, nous nous sommes rendus sur les lieux du drame, Hervé et moi ; une dizaine de maisons étaient complètement détruites, d'autres seulement endommagées. Il était interdit d'emprunter la rue du chemin de fer, bouchée par les décombres.

C'est un triste spectacle qu'un quartier bombardé. On a l'impression de violer l'intimité des gens, de pénétrer chez eux sans y être invité. Dans l'une des maisons détruites, un piano était resté à sa place sur un bout de parquet intact, une partition ouverte sur le pupitre. Ailleurs, la photo d'un grand-père était accrochée au seul mur restant.

Les habitants errent dans les décombres, le regard fixe, ramassant çà et là une cuiller, une passoire ou une assiette intacte. Une vieille dame nous a demandé d'une voix douce :

– Pardon mes mignons, vous n'auriez pas vu Bichon ?

Non, nous ne l'avions pas vu !

– C'est madame Fernando, a dit un homme qui participait au déblaiement. Elle a perdu son chien et elle ne s'en remet pas, la pauvre.

Aux dernières nouvelles, le bombardement aurait fait douze morts, vingt-huit blessés et une dizaine de personnes auraient disparu.

Mais le viaduc est toujours debout !

Bien sûr ce n'est qu'un petit bombardement, si on le compare à ceux de Saint-Nazaire et de Lorient, ou à ceux qui ravagent les villes allemandes. Il ne mérite même pas d'être mentionné dans un communiqué de guerre.

Mais c'est notre ville qui est atteinte pour la première fois, notre ville avec son église romane, ses remparts, ses rues, ses boutiques, ses maisons.

La vie reprendra son cours normal d'ici quelques jours, il le faut bien. Pourtant, tandis que j'écris ces lignes, je ne peux pas m'empêcher de regarder par la fenêtre. C'est la fin d'une belle journée de juin, le ciel est sans nuages, la nuit promet d'être claire.

Et s'ils revenaient ?

LES GÉORGIENS

10 juin 1943

« Nos » anciens Allemands sont partis discrètement, vraisemblablement pour le front russe.

Leur départ a eu lieu de nuit, comme s'ils avaient peur, comme s'ils avaient honte.

C'étaient nos ennemis, bien sûr, mais ils étaient là depuis longtemps et, bon gré mal gré, nous nous y étions habitués. Certains avaient même des surnoms : le grand caporal rouquin de la *Kommandantur,* aux dents immenses, de vraies touches de piano, c'était « Fernandel ». Le chef d'orchestre rondouillard qui donnait de temps en temps des concerts dans le kiosque municipal, c'était « Badaboum ».

Je te l'ai déjà dit, papa, ils ne nous donnaient pas vraiment l'impression d'être des bourreaux, ni des monstres assoiffés de sang.

D'ailleurs Longuet a été arrêté par la Gestapo et Simon par la police française !

Ceux qui ont remplacé « nos Allemands » nous ont tout de suite paru un peu bizarres.

D'abord, avec ce que l'on murmure des pertes allemandes en Russie, nous attendions l'arrivée de vieillards ou d'adolescents, eh bien non.

C'étaient des hommes dans la force de l'âge, plutôt costauds même et qui paraissaient en excellente santé.

Ensuite, ils ont l'air de débarquer d'une autre planète : ils chantent des chansons étranges, mélancoliques, dans une langue qui n'est certainement pas l'allemand, ils montent leurs chevaux à cru, en poussant des cris sauvages.

Qui sont-ils donc ?

Très vite, on a remarqué qu'ils ne portent pas exactement la tenue des soldats de la Wehrmacht. Cela tient à des nuances. Sur la veste d'uniforme, cousu au bras gauche, ils portent par exemple une sorte d'écusson sur lequel est écrit le mot « Georgia ».

– La Géorgie, m'a dit Hervé, qui sait tout, c'est une partie de l'Union soviétique !

– Alors, que font-ils sous l'uniforme allemand ?

C'est tonton Louis qui nous a sans doute livré la clef du mystère.

– Tu sais Thomas, m'a-t-il expliqué,

l'Union soviétique est un immense empire, constitué de races et de peuples différents, rassemblés parfois de force par les tsars, puis par Lénine et Staline.

Certains de ces peuples, autrefois indépendants, comme les Géorgiens, ont peut-être gardé l'envie de ruer dans les brancards. Les hommes ne réagissent pas partout de la même façon.

Vois-tu, d'après ce que je sais, les prisonniers de guerre soviétiques sont traités par les nazis de manière particulièrement brutale.

Je pense que nos Géorgiens, pour échapper à ce triste sort, ont choisi de s'enrôler comme mercenaires. Bien sûr, les Allemands ne les envoient pas sur le front russe et sans doute ne comptent-ils pas trop sur eux en cas de vraie bagarre. Mais pour assurer l'ordre dans une petite ville de l'ouest de l'Europe, ils suffisent ; d'autant qu'ils sont encadrés par des sous-officiers allemands. Le Reich peut ainsi maintenir le gros de ses troupes sur le front de l'est.

Tonton Louis doit avoir raison mais ça fait drôle de penser que des citoyens de l'Union soviétique se mobilisent aux côtés de leur envahisseur.

Que peut-il bien se passer dans leur tête ? Quel sera leur sort après la guerre ?

En tout cas, ils sont chez nous et nous les trouvons sauvages, impénétrables. Comme les Allemands manquent d'essence, les Géorgiens circulent dans de petites charrettes attelées à des chevaux ou montent à cru.

L'autre jour, j'ai croisé une troupe qui menait les chevaux à la rivière. Ils étaient nus sur leurs montures, à la grande indignation de dames bien pensantes qui, par hasard, se trouvaient sur leur chemin.

Je les ai regardés passer : leurs visages d'ordinaire farouches étaient comme apaisés. Certains riaient, d'autres sifflaient ou chantonnaient sur un rythme étrange. Ces gens-là ont dû naître à cheval, au fond de la steppe.

Envers nous, les Français, ils seraient plutôt plus durs que les Allemands. Un postier qui rentrait chez lui un peu après le couvre-feu a failli vivre un très sale quart d'heure et c'est, paraît-il, le *Feldwebel* allemand qui a empêché les Géorgiens de le passer à tabac, peut-être de le tuer.

La nuit dernière, nous avons eu une nouvelle alerte, et cette fois je n'ai pas traîné dans mon lit ; vite à la cave. Heureusement ce n'était pas pour nous, les avions alliés n'ont fait que survoler la ville.

LES VACANCES

27 juin 1943

Les grandes vacances sont là, juste devant moi, et je ne sais pas ce que je vais en faire. Alice est casée, elle prend pension chez la sœur de sa marraine, la charcutière de Formigny. Par les temps qui courent, une charcuterie c'est mieux qu'un palace sur la Côte d'Azur. Ma petite sœur va se gaver de rillettes et de saucisses. Tant mieux, elle en a besoin !

Mais pour moi c'est une autre histoire. L'idée de rester ici à ne rien faire durant trois mois ou presque ne m'emballe guère. J'aimerais revoir Granville, la grande maison rose... Hélas, il n'en est pas question. Granville est en zone côtière interdite, les Allemands n'aiment pas qu'on furète du côté de leur mur de l'Atlantique.

J'ai eu une solution, que je croyais bonne. L'année dernière, à plusieurs reprises, Mme Pelletier m'avait proposé de venir à La Noue.

« Nous t'offrons le gîte et le couvert, Thomas, en contrepartie tu nous aideras aux travaux de la ferme, tu es costaud et nous manquons de bras. Anne-Lise sera ton professeur en travaux agricoles. »

J'avais gardé cette idée derrière la tête. Cela fait longtemps que nous ne sommes pas allés à La Noue, tata Pauline et moi. Je ne sais pourquoi mais elle a toujours un prétexte pour remettre à plus tard nos expéditions, si bien que nous nous contentons de nous ravitailler aux Bordes et aux Cluzeaux qui sont, il est vrai, beaucoup plus près.

Quand je lui ai annoncé mon projet, tata Pauline s'est gratté le bout du nez ce qui est chez elle un signe de profonde réflexion.

– Hum !

– Quoi « hum » ? Tu ne trouves pas que c'est une bonne idée ?

– Je ne dis pas, mon lapin, je ne dis pas, mais...

– Mais, quoi ?

À nouveau elle s'est gratté le bout du nez, puis elle a finalement déclaré :

– Écoute Tom, je vais aller là-bas seule. Je ferai part de ton désir aux Pelletier, je plaiderai ta cause, je te le promets.

– Mais pourquoi je ne peux pas t'accompagner, Tata ! Les Pelletier sont mes amis, à moi aussi. Et puis j'ai tellement envie de revoir Anne-Lise.

Elle a posé son bras sur mon épaule et m'a regardé droit dans les yeux. Son visage était grave.

– Je t'en prie, Thomas. Je sais que c'est mieux ainsi.

Je n'avais plus qu'à m'incliner.

Elle s'est rendue à La Noue quelques jours plus tard. Le soir même, je l'attendais chez elle, j'avais hâte de connaître la réponse. Quand je suis arrivé, elle n'était pas encore rentrée. J'ai discuté avec tonton Louis qui ne demandait pas mieux, mais j'avais la tête ailleurs. Enfin j'ai entendu le crissement des roues de son vélo sur le gravier du jardin.

Quand tata Pauline est contente, cela se voit. Quand elle est contrariée, cela se voit également.

– Alors, l'ai-je interrogée, en l'aidant à décharger son ravitaillement.

Mais déjà j'avais deviné la réponse.

Elle a hoché longuement la tête.

– Alors, mon lapin, c'est non. J'en ai parlé à madame Pelletier. Anne-Lise était là aussi.

– Mais pourquoi, Tata ? Ils ne m'aiment plus ?

– Je crois au contraire que c'est parce qu'ils t'aiment beaucoup qu'ils ne veulent pas t'accueillir.

– Est-ce que ça a quelque chose à voir avec le barbu, celui que nous avons croisé ?

– Je n'en sais rien ; c'est possible.

– Tu crois que les Pelletier abritent des réfractaires au S.T.O.?

– Tom, je ne crois rien.

– Des résistants peut-être, des maquisards ?

– Mon lapin, je ne sais qu'une chose, c'est qu'ils ne souhaitent pas ta présence à La Noue. Maintenant, enfouis cela au plus secret de ta mémoire. Il ne te reste plus qu'à trouver un autre projet pour tes vacances.

J'allais rentrer chez nous, muni de ma part de ravitaillement, quand elle m'a arrêté :

– Attends, mon lapin, j'ai un cadeau à te remettre, de la part d'Anne-Lise.

Elle a fouillé dans son sac et en a sorti une coquille d'ormeau, tu sais, papa, ces coquilles irisées en forme de conque qu'on appelle aussi oreilles de mer et qu'on trouve parfois sur le rivage.

– La coquille d'Anne-Lise !

– Elle te la donne pour que, je suppose, tu ne doutes pas de son amitié.

La coquille est le fétiche préféré d'Anne-Lise et Dieu sait si elle en possède : racines tordues, galets ronds, fougères fossilisées, jouets cassés ! Elle les garde dans un invraisemblable bric-à-brac, trouvant à chaque objet sa propre beauté, sa propre vérité. Mais l'oreille de mer est son préféré.

– Elle m'a dit que tu la gardes bien, et que tu ne l'oublies pas !

Voilà, papa. Je suis rentré avec mon trésor que j'ai déposé sur l'étagère au-dessus de mon lit. Je le regarde pendant que je t'écris et je pense à Anne-Lise. Quels dangers court-elle ? Tata Pauline avait l'air si grave.

Je me sens désarmé, incapable de lui venir en aide. Du coup, mes projets de vacances ont perdu beaucoup de leur importance.

L'ÉTÉ

10 septembre 1943

Les Alliés ont débarqué en Europe !

L'Italie a capitulé.

Mussolini est arrêté.

Est-ce vraiment le commencement de la fin ?

Cet été, en juillet, les Alliés avaient déjà conquis la Sicile. En un mois, ils avaient complètement chassé les Allemands. Mais la Sicile est une île, ils n'avaient pas encore mis le pied sur le continent, ils s'en rapprochaient, c'est tout !

Tandis qu'aujourd'hui, ça y est ! La radio de Londres l'a annoncé : ils ont débarqué en Italie, à Salerne au sud de Naples et à Tarente. J'ai regardé sur la carte, certes ils sont en bas de la botte, mais avec les blindés ils peuvent aller très vite, il n'y a qu'à se rappeler juin 1940 et l'arrivée des Allemands.

Tonton Louis a tempéré mon enthousiasme :

– Tu sais, Tom, la botte italienne est étroite et montagneuse et les Allemands ne sont pas nés de la dernière pluie, ils ont sûrement prévu une ligne de défense.

– Tu ne crois pas qu'ils ont déjà du mal à contenir l'armée russe ?

– Il faut se méfier, p'tit gars ! Rien n'est plus dangereux qu'un fauve aux abois. Les Allemands sont encore à Rome, comme ils sont à Oslo, à Brest, à Belgrade, à Kiev. Ce sera sans doute plus long, plus difficile que nous ne pouvons l'espérer.

Il a sans doute raison. Mais j'ai tellement envie, moi, que les choses aillent vite !

Je n'ai pas tenu ce journal pendant les vacances, peut-être parce que je n'avais pas le moral et que je m'ennuyais.

Finalement, je suis resté à la maison, entre les doryphores et les lapins. J'ai aidé maman du mieux que j'ai pu. Elle est guérie, mais elle se fatigue plus vite qu'auparavant. Sa Singer tourne à un rythme plus lent, elle se force à sourire. Elle en a assez elle aussi, de se battre pour que nous mangions, assez d'être séparée de toi.

J'ai lu, beaucoup. J'ai repris les Jules Verne, les tiens quand tu étais petit, dans la vieille collection Hetzel. J'ai essayé de pêcher dans la rivière, mais les poissons doivent être déboussolés eux aussi par la guerre car ils ne mordaient pas !

Les jours ont passé ainsi, monotones et

gris, malgré le soleil. J'ai souvent eu envie de prendre mon vélo et de pousser jusqu'à La Noue, rien que pour leur dire bonjour. Mais puisqu'ils ne veulent pas…

Dans trois semaines c'est la rentrée. Je ne sais pas qui nous aurons comme prof. Souvent, je pense à Longuet : où peut-il être ? Et où sont Simon et les siens ?

Alice est revenue de Formigny, fraîche et rose, dodue comme une caille. Maman et moi avons été très contents de la retrouver.

Que deviens-tu, papa, en cette fin d'été 1943 ? Bien sûr, nous recevons tes lettres, régulièrement épluchées par la censure. Tu nous écris que tu te portes bien, que pourrais-tu dire d'autre ?

J'ai tellement hâte que tu reviennes. L'année prochaine, à cette même date, seras-tu enfin parmi nous ? La guerre durera-t-elle encore longtemps ?

LA RENTRÉE

17 octobre 1943

Nous nous apprêtions à retourner au collège quand la nouvelle a éclaté : les autorités allemandes réquisitionnaient les deux tiers de notre vénérable établissement pour les transformer en annexe d'hôpital militaire.

On nous a donc avertis que la rentrée était retardée, le temps pour nos « instances supérieures » de s'organiser et de nous caser tous. Elles ont dû avoir du mal, car la vieille boîte avait tendance à être surchargée.

Enfin, elles y sont parvenues tant bien que mal et nous sommes rentrés avant-hier. Cela fait un drôle d'effet de voir des side-cars vert-de-gris dans la cour de récréation des moyens, et d'entendre le bruit des bottes résonner sur les dalles de nos antiques couloirs.

Les classes ont été distribuées « au mieux des circonstances ». Pour notre part, nous sommes installés dans les locaux de l'infirmerie, elle-même déplacée à la cave. La pièce est petite, sombre, et sent l'éther.

Nous sommes quarante à essayer de tenir là-dedans, on y arrive, à condition de ne pas chahuter. Jamais nous n'avons été aussi tranquilles ! Pendant ce temps, nos occupants paradent dans la partie la plus noble de l'établissement. Ils ont de la place, eux, d'autant plus qu'il n'y a encore aucun blessé à soigner.

Nous connaissions déjà notre prof principal, puisqu'il fait partie des meubles : Mouchet surnommé « Moucha ». Il ne jure que par le latin et c'est bien ma veine, j'ai une affection très mitigée pour les datifs et les ablatifs. Je vais tâcher de m'y atteler.

J'ai retrouvé les copains avec plaisir, Hervé surtout. Je ne sais pas comment il s'est débrouillé mais il a réussi à obtenir un *Ausweis*, un laissez-passer, pour se rendre à Quiberon, en pleine zone côtière interdite, il m'étonnera toujours ! Il est bronzé, il s'est gavé de fruits de mer, il garde intact son esprit combatif, mais il paraît très impressionné par ce qu'il a vu du mur de l'Atlantique :

– Si tu voyais ça, Tom ! Des blockhaus gigantesques pour les gros canons, des abris bétonnés pour d'innombrables mitrailleuses. Sur les plages, des champs de mines partout, des milliers d'obstacles antichars. Et ils continuent !

– Tu crois que les autres arriveront à débarquer ?

– Ce ne sera pas facile.

Pour qu'Hervé l'affirme, c'est sûrement vrai.

Il m'a confié autre chose, sous le sceau du secret. J'ai juré de n'en parler à personne, pas même à maman. Je tiendrai ma promesse mais je vais l'écrire dans ce journal. Quand tu le liras papa, cela n'aura plus d'importance.

– Alors Hervé, c'est quoi, ton secret ?

Il a jeté des regards furtifs autour de lui. Personne ne nous épiait, nul ne pouvait nous entendre, mais c'était plus fort que lui, c'est un conspirateur-né !

– Il paraît... je dis il paraît, mais je crois que c'est vrai... Tom, tu me jures que tu n'en parleras à personne ?

– Écoute, tu m'énerves à la fin !

– Bon. Il paraît que Longuet a réussi à s'enfuir de la prison du Mans où il était incarcéré et où il devait être fusillé.

– Quand même pas pour les propos qu'il a tenus en classe !

– Non, il faisait partie d'un réseau, il en était même le chef.

– Donc, ce n'est pas un de nos copains qui l'a dénoncé !

– Non, sans doute pas.

– Et où est-il maintenant ?

– Ça je n'en sais rien et je ne veux pas le savoir. Tu te rends compte, notre prof, un héros de la Résistance.

– Et comment as-tu appris cela ?

D'un air grave, pénétré, il a posé un doigt sur ses lèvres.

– Chut ! Motus et bouche cousue ! Tu fais comme si je ne t'avais rien dit. Tu as juré !

Je me méfie un peu des enthousiasmes d'Hervé, de la facilité avec laquelle il avale n'importe quel bobard. Mais si c'était vrai, si Longuet était libre ? La journée grise et pluvieuse devient d'un coup ensoleillée. J'en oublierais presque le latin et l'exiguïté de notre classe infirmerie. Au moins pour un temps.

XAVIER

2 novembre 1943

C'est la Toussaint. Déjà !

Tonton Louis avait raison : les Alliés progressent très lentement dans le bas de la botte italienne. Les Allemands ont remplacé les Italiens et se battent avec acharnement. Ce n'est pas demain que les chars américains défileront dans nos rues.

Sur le front de l'Est, par contre, la radio de Londres annonce que les Russes ont percé les lignes ennemies et qu'ils avancent.

La guerre continue !

Il faut que je te raconte : j'ai rencontré Xavier. J'ignorais qu'il devait venir. L'oncle Arnaud nous boude et la tante Zabeth, soumise comme toujours aux volontés de son mari, espace ses visites.

Nous déambulions avec Hervé, rue Victor Hugo, sans lécher les vitrines puisqu'elles sont vides, quand soudain il m'a donné un coup de coude.

– Regarde les deux zigotos là-bas. Je crois bien que c'est l'uniforme de la Milice !

Sur le trottoir d'en face, deux hommes vêtus de bleu approchaient, un immense béret basque sur la tête, les manches ornées d'une sorte de galon en demi-huit. Malgré l'uniforme, j'ai immédiatement reconnu l'un d'eux. C'était Xavier, mon cousin !

Je dois avouer que j'ai paniqué. J'avais peur des sarcasmes d'Hervé, j'avais honte aussi. J'ai fait demi-tour.

– Qu'est-ce qui t'arrive ? La Milice te fait peur ? Ces deux-là ne vont pas te manger !

– Viens Hervé, viens !

Il m'a suivi sans comprendre.

Le soir, alors que je fermais les volets, j'ai vu arriver Xavier. Cette fois, il était en civil.

– Alors p'tit cousin, tu ne prends pas tes jambes à ton cou. Tu n'as pas peur que le grand vilain milicien te dévore ?

– Entre !

Le bruit de la Singer montait du salon, familier, obsédant.

– Tu veux dire bonsoir à maman ?

Il a secoué la tête.

– Non. J'aime mieux pas. Emmène-moi dans ta chambre.

Je ne pouvais pas le lui refuser.

Il s'est assis sur mon lit et a commencé à parler d'une voix monocorde. Il gardait la tête baissée. J'avais peine à reconnaître le cousin exemplaire dont naguère on me rebattait les oreilles.

Oh papa, quelle tristesse ! Il a terminé sa formation à Uriage et il est désigné pour participer aux actions contre le maquis de la Drôme, très important dans ce département.

– J'essaierai de ne pas être mêlé aux opérations, d'être nommé dans un bureau, mais je n'ai guère d'illusions, un jour viendra où je serai en présence de maquisards, pire encore de leurs femmes et de leurs enfants. Et que ferai-je ? Je croyais que la Milice était constituée de jeunes aux grands idéaux. Il y en a bien sûr, mais il y a surtout d'anciens truands, des repris de justice, et ceux-là ne font pas dans la dentelle, tu peux me croire. Il faudra que j'y passe, comme ils disent. Je n'ai pas intégré la Milice pour devenir un voleur et un assassin !

– Mais pourquoi y es-tu entré ?

Il a eu un petit ricanement amer.

– Le Maréchal, l'ordre, la rénovation nationale, la défense des valeurs européennes face au bolchevisme, la franche Collaboration. Tous ces mots creux, toutes ces belles phrases dont mon paternel m'a abreuvé jour après jour.

Xavier critiquait son père ! J'étais sidéré. Jamais je ne l'avais entendu parler ainsi.

– Tu n'imagines pas ce que c'est que de ressentir le mépris et la haine, dans tous les regards qu'on croise. Au mieux, les gens s'enfuient, comme toi cet après-midi !

– Mais pars, déserte, je ne sais pas moi !

À nouveau, le ricanement désespéré.

– Je suis piégé, p'tit cousin. Si je gagne le maquis, je serai immédiatement exécuté, avant d'avoir pu m'expliquer. Si je déserte, les autres ne seront pas longs à me retrouver et je subirai le même sort. Je suis coincé.

Il a fait craquer les articulations de ses doigts, l'une après l'autre. Ce tic m'a toujours énervé. Mais pas cette fois.

– Je vais repartir. Mon père prononcera sûrement de nobles paroles, définitives, sur le devoir héroïque, sur la pureté nationale, il en a tellement en réserve des phrases qui sonnent bien ! Je retourne là-bas avec le copain que j'ai amené et qui ne doute pas de sa mission, pas encore ! Je tenterai d'échapper à l'horreur mais ça ne sera pas facile !

Il s'est levé, m'a embrassé pour la première fois.

– Salut, p'tit cousin ! J'espère que tu

n'auras plus à m'éviter si nous nous croisons à nouveau dans la rue !

Je ne savais que répondre.

– Tu ne veux pas embrasser maman ?

– Non. Dis-lui quand même que je l'aime bien.

Il a descendu l'escalier, ouvert la porte, il ne s'est pas retourné.

J'ai eu l'impression que je ne le reverrais plus jamais et c'était horrible. Ce Xavier pour qui je n'avais guère éprouvé d'affection jusqu'alors, ce Xavier qui me faisait honte avec son uniforme de la Milice, voilà que j'aurais voulu l'aider.

Il s'est enfoncé dans la nuit, comme s'il s'y noyait.

LES MAQUISARDS

12 novembre 1943

L'année dernière encore, on ne parlait pas d'eux, ou si peu... Juste quelques rumeurs. Maintenant, leur nom est sur toutes les lèvres, que l'on soit pour ou contre, et nos journaux à la solde des Allemands les mentionnent, ne serait-ce que pour les flétrir. Qui ?

Les maquisards, bien sûr !

Sont-ils nombreux ? Sont-ils armés ? Par qui sont-ils commandés ? On dit tout et n'importe quoi. Il est certain que beaucoup de jeunes de plus de dix-huit ans, requis pour le travail forcé en Allemagne, ont préféré disparaître. Ils sont bien quelque part.

Les maquisards !

Pour des gens comme l'oncle Arnaud, ils correspondent à un ramassis de hors-la-loi, de voyous, de Bolcheviks qui ne pensent qu'à piller, rançonner, à commettre mille forfaits.

Ce point de vue laisse tonton Louis plutôt sceptique. On pouvait s'en douter !

– Que tous les maquisards soient des anges, ce n'est pas certain, Tom ! Des éléments douteux ont pu se glisser dans leurs rangs. Mais je suis sûr qu'il s'agit d'une infime minorité et que la plupart des maquis sont constitués de gens n'acceptant ni le nazisme ni l'Occupation, par les anciens républicains espagnols, par les antifascistes de tous bords auxquels se sont joints les milliers de jeunes qui refusent de travailler en Allemagne.

Je crois que tonton Louis a raison. Je me dis que si j'avais quatre ans de plus et qu'on m'envoyait à Hambourg ou à Dresde, j'essaierais moi aussi de me cacher et de rejoindre ceux avec qui je pourrais résister et me battre.

En tout cas, on parle de plus en plus d'eux. Ils attaquent parfois une mairie et se font remettre les tickets de ravitaillement, ils s'emparent d'un cochon ou d'une vache chez un paysan soupçonné de marché noir. On chuchote qu'ils ont descendu des collaborateurs notoires et que d'autres reçoivent par la poste des petits cercueils de bois, chargés de leur rappeler le sort qui les attend à la Libération.

La grande spécialité des maquisards, c'est de faire sauter les voies ferrées. Les Boches ont donc réquisitionné des Français pour surveiller les rails. Les autorités militaires les menacent des pires châtiments si un incident se produit sur leur secteur. Mais les rails continuent à sauter.

Les Allemands réparent le plus vite possible, sauf quand les maquisards parviennent à détruire un pont, un tunnel ou un viaduc.

Le nôtre est maintenant sévèrement gardé, entouré de barbelés, et on n'a plus le droit de passer en dessous. Ça complique sérieusement la vie des gens du coin, déjà exposés à d'éventuels bombardements.

Nous n'en avons plus eu depuis celui de juin, seulement quelques alertes sans conséquence. Mais les avions peuvent revenir à n'importe quel moment, de jour comme de nuit. Tout le monde le sait et tout le monde s'y attend !

D'autant que, d'après la radio de Londres, les Alliés étendent leur maîtrise du ciel et l'aviation allemande, la *Luftwaffe,* n'arrive plus à les arrêter. Ça doit être vrai si l'on en croit les terribles bombardements que subissent les villes allemandes, Brême,

Hambourg, Düsseldorf et même Berlin, la capitale du Führer.

J'aimerais bien que les avions alliés oublient notre petite ville et épargne notre viaduc !

Sinon, les Soviétiques continuent leur contre-attaque, ils avancent, ils avancent ! Ils ont repris Kiev, la capitale de l'Ukraine, qu'ils avaient perdue en 1941. Par contre en Italie, rien ne bouge, c'est énervant !

AU CINÉMA

3 décembre 1943

Grand événement ! Dimanche dernier, maman et moi sommes allés au cinéma. Ça ne m'était arrivé depuis un an ou presque. Maman s'y est toujours refusée, depuis que tu n'es plus là.

Tata Pauline a réussi à la décider.

– J'invite Alice à déjeuner, a-t-elle déclaré. Je lui réserve une tarte aux pommes dont elle me donnera des nouvelles. Ensuite elle passera l'après-midi avec ses cousins. Hubert et Odile seront ravis. Ils ont transformé l'une des mansardes en laboratoire. Imaginez ! Ils sont tout à tour botanistes, ethnologues, chimistes. Ils collectionnent les pierres, les fossiles, ils confectionnent des herbiers, que sais-je encore ! Tant qu'ils ne mettent pas le feu à la maison, je les laisse faire.

– Excellente idée, a répondu maman.

– Quant à vous, chers belle-sœur et neveu, il passe actuellement un film au *Royal* dont on dit le plus grand bien. Je vous ai pris des billets.

Maman a eu beau protester, on ne résiste pas à tata Pauline ! Le *Royal*, tu t'en souviens, papa ? C'est là que tu m'avais emmené pour voir *Blanche-Neige et les Sept Nains*, juste avant la guerre. Ce n'est pas la plus grande salle de la ville, mais le *Select* a été réquisitionné par les troupes allemandes. Il est moins éclairé qu'avant, à cause des restrictions.

Dans la rue, maman me donnait le bras. J'ai grandi et je suis presque de la même taille qu'elle. Nous nous sommes installés confortablement. Les attractions d'avant-guerre, les acrobates, les accordéonistes, les femmes-serpents ont disparu ! La séance a commencé avec les actualités allemandes qui tentent de nous persuader que tout va pour le mieux pour les soldats du Reich. Mon œil, oui ! Des sifflets ont fusé dans l'obscurité. Le film de la première partie ne présentait aucun intérêt, et le documentaire sur l'apiculture en Haute-Provence était plutôt rasoir.

L'entracte était un entracte d'Occupation, sans caramels ni glaces. Et puis le grand film : *Les Visiteurs du soir*.

Je n'avais jamais vu un film comme celui-là, papa !

Comment te raconter ? Je me lance, même si je sais que c'est impossible.

Cela se passe au Moyen Âge, dans un château. Le seigneur des lieux fiance sa fille à un chevalier voisin. L'ambiance est à la joie, un grand feu pétille dans une immense cheminée.

Et soudain, Jules Berry fait son entrée, magnifiquement vêtu. Tout de suite l'atmosphère change, devient inquiétante. Parce qu'il est le diable et qu'il a décidé de briser l'amour des fiancés.

Il est accompagné de deux ménestrels, ses créatures. Arletty, déguisée en jeune garçon et Alain Cuny, je crois.

Ils sont beaux, pleins de charme, ils chantent de merveilleuses chansons :

Le tendre et dangereux visage de l'amour
m'est apparu un soir après un trop long jour.
C'était peut-être un archer avec son arc,
ou bien un musicien avec sa harpe.

Je me sentais transporté dans le temps et dans l'espace.

Il y avait des chevauchées, des duels ; une troupe de nains maléfiques se faufilait partout en fredonnant « Gilles et Dominique, Dominique et Gilles ». À la fin, l'amour est le plus fort et le diable s'éloigne, dépité, après avoir changé en statues les amoureux qui ont triomphé de ses sortilèges.

Dans la pierre, leurs cœurs battent encore à l'unisson.

Je suis sorti du *Royal* complètement bouleversé et je crois bien que maman n'était pas loin d'être dans le même état ! La nuit, j'en ai rêvé et maintenant encore, je ferme les yeux et je m'en retourne là-bas, dans le grand château médiéval.

C'est un film de Marcel Carné. Il paraît qu'à Paris, le cinéma n'a jamais été aussi florissant, que les salles sont bondées, comme les théâtres. C'est étrange de penser que, pendant que des milliers d'hommes s'entre-tuent, que des milliers d'hommes meurent sous les bombardements, que des milliers d'autres s'entassent dans des prisons ou dans des camps, il est possible de concevoir et de tourner un film comme celui-là.

Est-ce un bien, est-ce un mal ? Je n'en sais rien.

Papa, quand tu seras revenu, nous irons ensemble voir *Les Visiteurs du soir*.

ROUTINE

17 décembre 1943

Il fait froid. Les engelures sont fidèles au rendez-vous. Certaines personnes ont la gale et les poux menacent sans cesse.

Il « fait faim » aussi. Nos rations diminuent de mois en mois. Je n'ai presque plus de pneus ni de chambres à air et tata Pauline refuse obstinément d'aller à La Noue.

– Il faut respecter la volonté de nos amis, dit-elle.

Il nous reste les fermes les plus proches : Les Bordes, La Noère et les Cluzeaux. Mais ce n'est pas pareil.

Heureusement, je suis à peu près venu à bout des doryphores. Notre réserve de patates n'est pas inépuisable, mais enfin elle est là, elle nous aidera à tenir le coup pendant l'hiver.

Jusqu'à présent, le courant électrique nous avait été fourni à peu près régulièrement mais les coupures sont de plus en plus fréquentes. Elles se produisent quand on s'y attend le moins, surtout le soir, et peuvent durer des heures entières.

À la maison, maman a remis en service les lampes à pétrole de mémé (j'ai sacrifié un pneu pour me procurer du carburant). Elles diffusent une lumière douce, mais insuffisante quand il s'agit de faire ses devoirs et maman s'abîme les yeux sur sa Singer.

Dans notre classe-infirmerie, nous sommes éclairés par des lampes à carbure qui chuintent, qui tressautent, ça fait beaucoup de bruit pour rien. L'hôpital – *Orstlazarett !* – des Allemands est toujours vide. Pas le moindre petit blessé. C'est rageant de les voir se pavaner dans nos classes et nos salles d'étude, alors que nous nous entassons dans ce qu'ils ont daigné nous laisser. Nous nous vengeons comme nous pouvons, en dessinant des croix de Lorraine dans tous les coins ou bien en donnant des coups de pied dans leurs voitures et leurs vélos quand nous passons à côté. Un coup de pied, multiplié par deux cents, cela devrait finir par payer !

On tient le choc, il le faut bien, mais on en a assez, plus qu'assez. Avec le débarquement en Italie, on espérait que les événements allaient se précipiter. Bernique ! Les Alliés piétinent toujours au bas de la botte italienne, Rome est toujours aux mains des Allemands. À ce train-là, la guerre durera encore des mois ou des années, il n'y a aucune raison pour qu'elle s'arrête.

Sans électricité, on ne peut pas écouter la radio de Londres, cela ajoute encore au poids des jours. Hervé s'est fabriqué un poste à galène, un bloc de plomb sur lequel on balade un fil de métal. Parfois, ô miracle, on perçoit une voix vague qui semble venue d'outre-tombe, mais ce n'est pas fiable !

Le coquillage d'Anne-Lise est là. Que devient-elle ? Un jour, tant pis pour les promesses et les interdictions, je prendrai mon vélo et j'irai à La Noue. Personne ne me mangera. J'ai trop envie de savoir ce qu'ils deviennent, ce qu'elle devient.

LA RAFLE

23 décembre 1943

Il y a bientôt un an, je commençais ce journal, pour toi papa, pour que tu saches ce que nous devenions en ton absence, comment nous vivions, pour que les ponts ne soient pas rompus entre nous.

Un an, déjà ! j'étais secrètement persuadé qu'au Noël suivant tu serais près de nous, et que la grisaille se dissiperait définitivement.

Seulement voilà ! Nous en sommes au même point, ou pire. L'espoir en a pris un coup, cette année.

Les gens sont de plus en plus sombres, de plus en plus inquiets. L'autre jour encore la police allemande a organisé une rafle en ville et coincé quelques jeunes réfractaires au S.T.O. Parmi eux, Marcel Jacquet, le fils du plombier de la rue Jules Ferry. Que va-t-il devenir ?

Que vont devenir Longuet, Simon, Xavier et les autres, tant et tant d'autres !

C'est Noël, la fête de l'espérance, la fête du renouveau, mais je n'arrive pas à m'en réjouir.

Si je t'adressais une lettre dans ton camp de prisonniers, je ne te dirais pas cela, au contraire, je t'écrirais que tout va bien, que nous avons un moral de fer, etc. Mais comme tu ne découvriras ce journal qu'une fois rentré à la maison, je peux me laisser aller !

Nous passerons Noël ensemble, maman, Alice et moi. Tonton Louis, tata Pauline et les enfants devaient se joindre à nous, mais Hubert et Cécile ont attrapé la scarlatine ! Quant à l'oncle Arnaud et à la tante Zabeth, nous n'avons pas osé les inviter, à cause de Xavier et du reste.

Nous essaierons de faire la fête, ne serait-ce que pour Alice qui a bien droit à sa part de rêve. Mais le cœur n'y est pas...

VACANCES FORCÉES

17 janvier 1944

Coup de théâtre ! Par ordre des autorités allemandes, notre collège a été fermé pour « acte hostile aux autorités d'occupation ».

Nous sommes à la rue. Mais, que je t'explique : après les vacances de Noël, nous avons regagné l'espace réduit qui nous est concédé. Nous avons retrouvé l'odeur d'éther mêlée à celle de l'encre violette. Nos lampes à carbure... carburaient joyeusement, quand soudain...

Mardi matin, Mouchet tentait de nous initier aux subtilités de Cicéron quand un bruit de bottes dans « nos » couloirs nous a fait dresser l'oreille. Un *Feldwebel* est entré et a salué sèchement.

– *Raus ! Los, los !*

Dehors en vitesse, avons-nous traduit sans peine.

– Obéissez les enfants, a dit Mouchet, un peu pâlot.

Nous nous sommes tous retrouvés dans la cour d'honneur, les petits, les moyens et les grands, encerclés par un cordon de

Géorgiens qui n'avaient pas l'air de plaisanter.

Que se passait-il ?

– C'est peut-être à cause des croix de Lorraine que nous dessinons partout, ai-je suggéré à Hervé.

– Ou bien à cause des coups de pied qu'on donne à leurs voitures et à leurs vélos ?

Nous n'en savions rien.

Un gradé allemand est apparu, un capitaine ou un lieutenant, je mélange un peu leurs grades, accompagné de Bouboule, notre directeur, un Bouboule dans ses petits souliers. L'officier allemand, furieux, brandissait à bout de bras une feuille de papier dont nous ne pouvions déchiffrer le contenu.

Il s'est mis à parler, à vociférer plutôt, en allemand. Même nos germanistes les plus distingués ne comprenaient pas son discours. Ça a duré plusieurs minutes puis il s'est tourné vers Bouboule qui décidément n'en menait pas large.

– Mes enfants, a bredouillé notre cher patron, quelqu'un a placardé sur la porte du commandant allemand, une affiche particulièrement injurieuse. Le commandant demande au coupable de se dénoncer sur-le-champ sinon... Sinon, il menace de fermer notre établissement.

Nous nous regardions les uns les autres.

– C'est toi ? ai-je demandé à Hervé.

Il en aurait bien été capable !

– Non, c'est une bonne idée, mais ce n'est pas moi. Ce n'est pas toi non plus ?

– Ben, non !

Nous étions des centaines d'élèves à nous dévisager, mais personne ne bougeait.

Personne ne s'est dénoncé.

Et le collège a été fermé !

On a fini par savoir ce que représentait la fameuse affiche. Un énorme cochon à moustaches (mal dessiné, mais ressemblant, paraît-il) suivi d'une multitude de gorets, tous affublés d'une croix gammée. En lettres majuscules était écrite la phrase suivante :

les Allemands sont des cochons
Hitler est le plus grand.

C'est plutôt une gaminerie mais les Allemands l'ont prise très au sérieux.

Était-ce l'œuvre d'un petit ? D'un moyen ? D'un grand ? D'une personne extérieure à l'établissement ? Le coupable est resté muet et je pense qu'il a eu raison car il risquait le pire, lui et sa famille, la prison sûrement, la déportation peut-être. Oui, il valait mieux qu'il se taise.

En attendant, nous voilà sans collège, au chômage technique en quelque sorte. En d'autres temps, nous nous serions réjouis que les vacances se prolongent, mais même les paresseux les plus notoires n'envisagent pas les choses de cette manière. Ne plus aller au collège est une punition.

Bouboule a rencontré les autorités allemandes, il a fait jouer ses relations – il est plutôt en bons termes avec les représentants de Vichy –, sans succès, le collège reste fermé jusqu'à nouvel ordre.

Nous essayons de nous organiser : Hervé et moi travaillons ensemble, il est meilleur que moi en maths, je peux l'aider en français. Mais ce n'est pas pareil. Les profs recherchent des locaux disponibles mais les Frisés ont réquisitionné tant de logements que ce n'est pas facile.

LE VIADUC

3 février 1944

Ils sont revenus pour attaquer le viaduc, en plein jour cette fois. C'était des chasseurs bombardiers de la Royal Air Force. Les bombes n'ont pas touché la population civile. Elles sont tombées très près de l'objectif. L'une d'elles a même écorné le parapet de pierre. Mais les trains passent toujours !

Le raid s'est déroulé si rapidement que l'alerte n'a pas été donnée et que la D.C.A. s'est mise en action alors que les « mosquitos » (c'est le nom de ce type d'avion) étaient déjà loin. On dit que les Anglais sont beaucoup plus précis que les Américains dans les bombardements, qu'ils prennent plus de risques. Mais ils n'ont pas eu le viaduc. Ils reviendront sûrement sans tarder.

À part ça, tu sais quoi, papa ? Je suis retourné à l'école primaire, mon école de l'avenue Victor Hugo où j'ai appris à lire et à compter. En serrant un peu les élèves, le directeur a réussi à libérer une classe dont nous avons hérité. Les bancs sont un peu petits pour nous et ça me fait tout drôle de revoir les cartes de géographie accrochées au mur. J'ai l'impression d'être revenu cinq ans en arrière quand je me noyais dans les problèmes de trains et de robinets et que tu m'attendais le soir, à la sortie. Je te donnais la main, on s'arrêtait chez Mandaul, le boulanger du coin, et tu m'achetais un pain au chocolat, j'en ai encore le goût dans la bouche. Ah, papa, c'était le bon temps !

Par un canal mystérieux, tonton Louis et tata Pauline ont eu des nouvelles de Jacques, leur fils aîné.

Il est en Italie, il fait partie des troupes françaises qui combattent aux côtés des Alliés. Ça ne doit pas être une partie de plaisir parce que les Alliés sont toujours bloqués au bas de la péninsule italienne.

La propagande allemande a d'ailleurs diffusé un tract représentant un soldat anglais et un escargot, démontrant qu'en un jour l'escargot parcourt une distance plus grande que le « Tommy ». C'est vexant, d'autant plus que c'est la vérité.

J'ai voulu aller à La Noue dimanche dernier, j'avais tout préparé. Mais les routes étaient verglacées et j'ai renoncé. Il faudra que j'attende le printemps.

LASSITUDE

15 mars 1944

Je néglige ce journal.

J'ai l'impression de n'avoir plus rien à écrire. Tout est vieux, tout est pareil, tout est pire.

Les Alliés ne débarquent pas, les Russes avancent mais ils sont tellement loin de chez nous !

Les rations alimentaires diminuent chaque mois, les coupures d'électricité sont de plus en plus fréquentes, les Allemands et leurs Géorgiens de plus en plus nerveux.

Franchement, mes journées ne valent même plus la peine d'être racontées.

REPRÉSAILLES

4 avril 1944

C'était mon tour de queue ce matin. Quand je suis parti, il faisait beau, le soleil était déjà haut dans le ciel. Nous avions droit à deux boîtes de marmelade avec les tickets DZ de mars. Je me suis rendu chez Narvor. Je ne me doutais de rien.

Ils étaient tous là, avant que l'épicière daigne enlever ses vantaux. Les habitués, Mme Mercier, Mme Rondeau, M. Hautefeuille, Mlle Bellanger, une vingtaine de personnes. La marmelade en boîte est tellement fadasse qu'elle n'attire pas les foules !

Une petite queue mais j'ai compris sur-le-champ qu'il s'était passé quelque chose de grave. Cela se voyait à leurs visages, à la façon dont ils parlaient presqu'à voix basse.

Alors j'ai ouvert toutes grandes les oreilles !

– C'était avant-hier matin ! Un escadron de S.S. venu du Mans ou de Rennes.

– Et puis les Géorgiens du coin !

– Ils avaient même un avion de reconnaissance qui survolait la forêt et guidait les blindés.

– Parce qu'ils avaient des blindés ?

– Oui, et des canons aussi. Vous pensez bien que les pauvres garçons, malgré leur courage, n'ont pu résister très longtemps.

– Comment vouliez-vous qu'ils se battent avec leurs vieux fusils !

– Ils avaient reçu quelques armes par parachutage, mais pas assez bien sûr !

– Les S.S. ont encerclé la forêt. Il paraît qu'à midi, tout était fini.

J'essayais de comprendre. Les Allemands avaient dû s'attaquer à un maquis de la région et l'anéantir. Ce n'était malheureusement pas le premier. J'ai tiré M. Hautefeuille par la manche.

– Que se passe-t-il ?

– Ils ont attaqué un maquis du côté de Vermiers. Un vrai carnage, mon pauvre garçon !

Mon cœur s'est serré. Parce que Vermiers, c'est la commune dont dépend la ferme de La Noue.

Mme Mercier, celle qui sait toujours tout, avait repris la conversation.

– Certains petits gars ont réussi à s'enfuir, à ce qu'on dit, mais la plupart ont été tués, ou arrêtés, ce qui ne vaut guère mieux. Les Allemands ne font jamais quartier avec ceux qu'ils appellent des terroristes, surtout quand ils les prennent les armes à la main. Ils seront fusillés !

– Et les gens de la ferme ?

– Ceux de La Noue ? Ah, les pauvres, je ne voudrais pas être à leur place !

Mon cœur s'est mis à cogner drôlement dans ma poitrine. J'ai quitté la queue, sous les regards étonnés et j'ai couru chez tata Pauline.

Elle était assise dans sa cuisine, comme si elle m'attendait et je crois qu'elle avait pleuré.

– Tom ! Tu es au courant ?

Je me suis jeté dans ses bras. Elle m'a serré très fort et m'a caressé les cheveux.

– Tata, que leur est-il arrivé ?

Elle a eu un grand geste d'impuissance.

– Je vais te dire ce que je sais, Thomas. Comme nous l'avions compris, toi et moi, les Pelletier hébergeaient des réfractaires au S.T.O. recherchés par les Allemands. C'était dangereux, très dangereux, et c'est sûrement la raison pour laquelle ils préféraient que nous n'allions plus là-bas. Ils ne voulaient pas nous compromettre. Ensuite, tous ces jeunes se sont cachés dans la forêt de Marny, une forêt difficile d'accès, idéale pour constituer un maquis. La ferme était leur plus proche relais et les Pelletier ont courageusement accepté de les ravitailler, ils ont prêté leurs champs pour les parachutages. Petit à petit, la ferme est devenu le poste de commandement du maquis, avec un émetteur dissimulé dans le grenier, des caches d'armes...

– Comment sais-tu tout cela ?

– Je te le dirai plus tard. Ce qui devait arriver est hélas arrivé. Les Allemands ont eu vent de quelque chose, peut-être y a-t-il eu dénonciation. Avant-hier, à l'aube, ils sont arrivés en force, ils ont envahi la ferme, encerclé la forêt. Les résistants ont tenu du mieux qu'ils pouvaient...

– Et ceux de La Noue ? Et Anne-Lise ?

La voix de tata Pauline, si claire d'habitude, devient chevrotante, comme celle d'une petite vieille.

– Ils ont fusillé monsieur Pelletier, sa femme et le grand-père. Et ils ont embarqué les autres pour une destination inconnue. Puis ils ont mis le feu. Thomas, La Noue n'est plus qu'un tas de cendres.

– Et Anne-Lise ?

– Je ne sais pas. Elle n'a pas été passée par les armes avec ses parents, il semblerait qu'elle ne fasse pas non plus partie des prisonniers. Peut-être est-elle parvenue à se cacher ou à s'enfuir ? Je l'ignore.

Je suis resté longtemps hébété avec dans la tête des images insoutenables. C'était si horrible que je n'avais même pas envie de pleurer.

Tata Pauline a posé son bras sur mon épaule.

– Tom, a-t-elle murmuré, je sais que tu es capable de garder un secret. Ce que je t'ai raconté, je le tiens de Vincent.

Vincent, le grand frère d'Anne-Lise ! Celui qui ne parlait guère mais qui souriait souvent...

– Vincent est vivant !

– Quand les Allemands sont arrivés, il était sur les bords du Voiron en train de pêcher le brochet.

Le Voiron, un ruisseau plus qu'une rivière, enfoui sous les saules, où, en compagnie d'Anne-Lise j'avais si souvent regardé la danse des libellules et le vol furtif des martins-pêcheurs !

– Quand il a réalisé la situation, Vincent s'est blotti sous la souche d'un arbre mort. Puis il a rampé dans le ruisseau, s'est dissimulé dans la roselière et est parvenu à franchir le cordon des Géorgiens sans qu'ils devinent sa présence. Il a emprunté des sentiers, car les routes étaient gardées. Il a attendu la nuit et il a marché jusqu'ici. Maintenant il est en sécurité, mais je ne te dirai pas où il se trouve.

Voilà, j'ai fini par rentrer à la maison.

J'ai juste dit à maman que La Noue avait brûlé.

Je suis monté dans ma chambre. J'ai pris le coquillage d'Anne-Lise et je l'ai collé contre mon oreille, espérant bêtement qu'il me chuchoterait ce qu'elle était devenue. Mais je n'ai même pas entendu le bruit de la mer.

Pourtant Anne-Lise est vivante. J'en suis sûr. Je veux en être sûr. Papa, j'ai trop de peine. J'arrête d'écrire.

LA HAINE

Même jour, dans la nuit.

Papa, je crois que je ne savais pas ce qu'est la haine. Non, pas vraiment. Il y avait des événements que je trouvais détestables, des êtres qui ne me plaisaient pas. Mais « haïr », non.

Maintenant la haine, je la connais. C'est quelque chose de plus fort que soi qu'on a dans le ventre, sur le bord des lèvres, qui ne vous lâche pas, qui vous pousse, qui vous ronge.

Je hais ceux qui ont brûlé La Noue, qui ont souillé à jamais ce lieu hors du temps, en harmonie depuis toujours avec la nature.

Je hais ceux qui ont éventré les vaches et les chevaux, égorgé les chiens, pendu les chats, qui ont dispersé à jamais les mésanges et les tourterelles.

Je hais ceux qui ont abattu M. et Mme Pelletier et le vieux grand-père, sourd comme un pot. Ceux qui ont enlevé les autres pour les conduire à la mort.

Je hais, oh comme je les hais, ceux qui se

sont attaqués au sourire d'Anne-Lise, à sa joie de vivre...

Où est-elle ?

Je n'arrête pas de me poser la question, j'imagine, et mes cauchemars me font crier d'angoisse. Je la vois torturée, je la vois noyée, je la vois fusillée. Ou bien encore, errant sans but, sur des sentiers perdus. Où est-elle ?

VIVANTE !

20 mai 1944

Anne-Lise est vivante !

C'est tata Pauline qui me l'a dit. Comment l'a-t-elle su, mystère. Je la soupçonne de me dissimuler pas mal de choses. Mais je la crois. Anne-Lise est cachée quelque part, assez loin d'ici. Elle est en bonne santé et se remet lentement de l'épouvantable choc qu'elle a subi. C'est tout ce que je saurai pour le moment, mais je n'en demande pas plus.

Le poids énorme qui m'empêchait de vivre depuis un mois s'est allégé d'un coup...

À nouveau, je peux écrire !

DÉTRUIT !

3 juin 1944

Le viaduc a été détruit vers midi par des chasseurs de la R.A.F. Cette fois, les bombes ont atteint leur objectif.

Le vieil édifice, qui barrait l'horizon lorsque je regardais par la fenêtre de ma chambre, n'existe plus. Seuls demeurent des moignons de pierre qui se détachent sur le bleu du ciel.

LE DÉBARQUEMENT

8 juin 1944

À l'aube du 6 juin, les forces alliées ont débarqué en Normandie. Même Radio-Paris l'a confirmé !

Cette fois, je crois que c'est le grand coup, celui que nous espérions depuis tant de mois et auquel nous avions fini par ne plus croire.

Pourvu, oh pourvu qu'ils réussissent !

10 juin 1944

D'après la radio de Londres, le débarquement est réussi. Des armées affluent sur les plages de Normandie. Les Anglais sont aux portes de Caen.

Nous retenons notre souffle.

Des centaines d'avions parcourent le ciel, parfois très haut, souvent au ras du sol. Ils sont américains ou anglais, pas un seul allemand !

LA LIBÉRATION

14 août 1944

Papa, ça y est nous sommes libérés, et par des Français !

La deuxième division blindée commandée par le général Leclerc a libéré notre ville sans combat. Ce qui restait d'Allemands et de Géorgiens s'était enfui la veille, à pied, à cheval, à vélo, rarement en voiture. Un spectacle pitoyable mais qui nous réjouissait le cœur.

Et puis les chars sont arrivés !

Moments de folie où tant d'images se bousculent. Plus tard, j'essaierai de te raconter ce que furent ces heures magiques.

Je dis bien « j'essaierai » car maintenant que la guerre a basculé, je sais que tu vas revenir bientôt !

ÉPILOGUE

10 mai 1945

On ne se bat plus en Europe. Nous avons été avertis officiellement que demain, tu seras parmi nous.

Il y a presqu'un an que j'ai abandonné ce journal. Je croyais alors que tout se terminerait très vite, mais ça n'a pas été le cas. Des centaines de milliers d'hommes sont encore tombés en Alsace et dans les Ardennes, dans les grandes plaines du nord de l'Europe, en Hongrie, en Prusse. Des centaines de milliers d'autres sont morts dans les camps.

Je me trompais. L'hiver 44-45 a été très rude, plus froid que les précédents. Nous manquions de tout, mais enfin, nous étions libres !

Papa, demain, tu seras là. Comme promis, je te donnerai ce cahier. Cela t'aidera peut-être à retrouver ta place, à renouer avec le cours des choses.

J'ai revu Anne-Lise, amaigrie, lointaine, comme si quelque chose s'était brisé en elle, à jamais.

D'une voix monocorde, presque blanche, elle m'a raconté comment elle avait échappé au massacre.

Le vieux puits de La Noue comportait une cache secrète utilisée au cours des siècles par les faux sauniers nombreux dans la région, puis par les prêtres réfractaires durant la Révolution.

Quand les premiers coups de feu ont éclaté, la mère d'Anne-Lise lui a ordonné de courir au puits, de se cacher et de ne plus bouger quoi qu'il arrive. Anne-Lise a obéi. Elle ne sait plus combien de temps elle est restée ainsi terrée et elle ne veut plus parler de ce qu'elle a découvert lorsqu'elle est sortie. Elle est devenue comme folle.

Un réseau de la Résistance l'a prise en charge, l'a confiée à une vieille dame de Mayenne chez qui elle est restée jusqu'à la Libération. Ensuite, son frère Vincent est venu la chercher, ce sont les seuls survivants de la famille. Vincent a trouvé du travail à Alençon, ils y vivent maintenant.

Oui, Anne-Lise est vivante, mais il faudra des mois, des années peut-être pour qu'elle redevienne elle-même. Quand je lui ai proposé de lui rendre le coquillage qu'elle m'avait prêté, elle s'est contentée de hausser les épaules.

– Garde-le, a-t-elle murmuré. Sa magie s'est envolée en fumée avec le reste.

Que lui répondre ?

Un jour son sourire finira bien par refleurir. J'attendrai.

Cette guerre laisse tellement de traces.

Il y a les vainqueurs. Longuet alias « Nerval » dans son réseau de Résistance. Il nous est revenu avec sur ses manches des galons de commandant. Grâce à lui, notre ville a évité les mauvais côtés de la Libération : les filles tondues[1], les exécutions sommaires. Longuet a ensuite rejoint la première armée française du général de Lattre de Tassigny et il s'est battu en Alsace. Mais à la rentrée prochaine, il l'a promis, il reprendra ses cours dans notre vieux collège enfin libéré.

Il y a aussi le cousin Jacques. Tonton Louis et tata Pauline ont pu embrasser leur fils qu'ils ont à peine reconnu : héros du Garigliano, libérateur de Toulon, lieutenant de spahis[2] couvert de médailles. Quant à

1. Étaient tondues les femmes qui avaient eu des relations avec des Allemands.
2. Spahis : troupes algériennes à cheval incorporées dans l'armée française.

cette comédienne de tata Pauline, elle m'avait bien caché qu'elle faisait partie d'un réseau chargé de récupérer les aviateurs alliés et de les reconduire en Angleterre. Elle a même caché un colonel américain dans sa cave.

Et puis il y a les autres. Ceux qui ne reviendront pas : Simon et les siens, par exemple. Ce que l'on apprend à propos des camps de concentration et d'extermination nazis est tellement horrible qu'on n'arrive pas à y croire. Les photos des rares survivants, parues dans la presse, sont insoutenables. Comment peut-on faire cela ?

Xavier, le grand cousin, a été abattu par des maquisards, lors de combats dans la Drôme. L'oncle Arnaud se terre chez lui, ne veut voir personne, pas même maman. Il a, paraît-il, vieilli de vingt ans et ses cheveux sont devenus blancs. Tante Zabeth vêtue de noir ressemble à un fantôme.

Ces jours-ci à la maison, la Singer n'a pas cessé de fonctionner, mais cette fois maman travaille pour nous et surtout pour elle et

Alice, afin que nous soyons présentables quand, demain, tu descendras du train.

Papa, il y a cinq ans, au début du mois de mai de l'an 1940 tu es venu en permission. Nous t'avions raccompagné à la gare en te disant « à bientôt ».

Cinq ans, c'est long. Mais demain tu seras là et nous nous remettrons à vivre !

INFORMATIONS Cascade

LE VEILLEUR DU PONT-AU-CHANGE

...
Je suis le veilleur du Pont-au-Change
Et je vous salue, au seuil du jour promis
Vous tous camarades de la rue de Flandre
à la Poterne des Peupliers,
Du Point du Jour à la Porte Dorée.

Je vous salue vous qui dormez
Après le dur travail clandestin,
Imprimeurs, porteurs de bombes,
déboulonneurs de rails, incendiaires,
Distributeurs de tracts, contrebandiers,
porteurs de messages,
Je vous salue vous tous qui résistez, enfants
de vingt ans au sourire de source,
Vieillards plus chenus que les ponts,
hommes robustes, images des saisons,
Je vous salue au seuil du nouveau matin.
...

Robert Desnos
Ce cœur qui haïssait la guerre, 1944

QUELQUES DATES

3 septembre 1939, 17 heures : la France entre en guerre contre l'Allemagne.
12 juin 1940 : la France a perdu la « drôle de guerre », l'ordre de retraite est lancé.
14 juin 1940 : les Allemands entrent dans Paris.
17 juin 1940 : le maréchal Pétain demande aux armées françaises de cesser les combats.
18 juin 1940 : depuis Londres, le général de Gaulle appelle tous les Français à continuer la guerre.
22 juin 1940 : signature de l'armistice entre l'Allemagne et la France, représentée par le maréchal Pétain. La France est coupée en deux zones, la zone occupée par les Allemands au nord de la ligne de démarcation (55% du territoire français), et la zone libre au sud (45% du territoire). L'Alsace et la Lorraine sont annexées à l'Allemagne.
Juillet 1940 : le nouveau gouvernement de la France s'installe à Vichy sous l'autorité du maréchal Pétain qui assume les responsabilités de chef de l'État et de chef du gouvernement (« président de la République » et « Premier ministre » aujourd'hui).
8 novembre 1942 : les Alliés débarquent en Afrique du Nord.
15 mai 1943 : la Résistance s'organise, avec la création d'un Conseil national de la Résistance.
6 juin 1944 : les Alliés débarquent en Normandie.
25 août 1944 : Paris est libéré.
8 mai 1945 : capitulation des Allemands.

APPEL A LA POPULATION

lancé par les Allemands en septembre 1941

Le 21 août, de lâches meurtriers attaquant par derrière ont fait feu sur un soldat allemand et l'ont tué. J'ai, en conséquence, le 23 août, ordonné que des otages fussent pris. J'ai menacé d'en faire fusiller un certain nombre au cas où tel attentat se reproduirait.

De nouveaux crimes m'ont contraint de mettre cette menace à exécution. Malgré cela, de nouveaux attentats ont eu lieu. Je reconnais que la population, dans sa majorité, est consciente de son devoir qui est d'aider les autorités d'occupation...

Mais, parmi vous, se trouvent des agents des puissances ennemies de l'Allemagne, des éléments communistes criminels qui n'ont qu'un but : semer la discorde entre la puissance occupante et la population française ... C'est pourquoi je me suis vu contraint de prendre, pour Paris d'abord, des mesures qui malheureusement vont gêner la population tout entière dans sa vie habituelle.

Français, il dépend de vous-mêmes que j'aggrave ces mesures ou que je les suspende de nouveau.

Je vous appelle tous ... à coopérer, par votre extrême vigilance et votre intervention active et personnelle, à l'arrestation des coupables. Il faut, en prévenant et en dénonçant les activités criminelles, éviter que soit créée une situation critique qui plongerait le pays dans le malheur...

Paris, le 19 septembre 1941
Von Stülpnagel, général d'infanterie

LES PRISONNIERS DE GUERRE

Les soldats français, mobilisés au mois d'août 1939, attendaient avec confiance le moment de se battre. L'attaque allemande fut lancée le 10 mai 1940 et, en moins de six semaines, tous les fronts furent enfoncés. L'armée française capitula le 12 juin 1940. Cette guerre a été appelée la « drôle de guerre » ou la « guerre éclair ».

Au cours des combats et de la retraite, 2 650 000 militaires français furent faits prisonniers, dont 1 845 000 envoyés en Allemagne. Environ 80 000 d'entre eux s'évadèrent et purent rejoindre la France, d'autres furent libérés ou échangés contre des prisonniers allemands, beaucoup moururent. En 1944, à la Libération, il restait 940 000 prisonniers de guerre français en Allemagne, répartis en 28 *oflags* (camps pour les officiers) et 69 *stalags* (camps pour les soldats).

Les plus favorisés avaient été envoyés dans des fermes où les conditions de vie étaient presque normales. Environ 5 000 d'entre eux épousèrent des Allemandes et restèrent en Allemagne après 1945.

Les soldats internés dans les stalags formaient des commandos de travail qui revenaient en général au camp de base pour la nuit. Selon les camps, la vie était plus ou moins dure, les brimades plus ou moins sévères. L'appel quotidien pouvait durer six heures, dans le froid et la neige, et l'on risquait d'être abattu si l'on sortait de sa baraque après le couvre-feu. Même si les conditions étaient moins dramatiques que dans les camps d'extermination, on souffrait beaucoup du froid, de la faim, de la vermine et des épidémies dues au manque d'hygiène.

Beaucoup n'ont pu survivre que grâce aux colis envoyés par leur famille, et transmis par la Croix-Rouge... mais ils parvenaient rarement intacts ! Les prisonniers n'avaient pas le droit de recevoir plus de deux lettres par mois. Pour garder le moral, ils montaient des orchestres et des pièces de théâtre avec les moyens du bord, ils organisaient des cours selon leurs compétences.

SAVEZ-VOUS QUE...

La seconde guerre mondiale a fait environ 38 millions de morts, dont 6 millions de déportés raciaux (Juifs, Tziganes) et 4 à 5 millions de déportés politiques en Allemagne.

En France, il y a eu 535 000 morts : 205 000 militaires et 330 000 civils (dont 182 000 déportés).

Les pays qui ont eu le plus de pertes humaines sont l'U.R.S.S. (environ 20 millions de morts), la Pologne (environ 6 millions de morts), l'Allemagne (environ 5 millions de morts) et le Japon (environ 1 800 000 morts).

PAPIERS S.V.P.

Pas simple, la vie sous l'Occupation ! Pour se déplacer, acheter ou correspondre, il fallait avoir les bons papiers...

Les *Ausweis* sont des laissez-passer délivrés par les Allemands qui permettent de circuler après le couvre-feu, de franchir la ligne de démarcation ou de pénétrer dans certaines administrations.

Les tickets de rationnement sont obligatoires pour pouvoir acheter, selon un barème et à des dates précises, des denrées strictement rationnées : pain, pâtes, riz, sucre, viande, matière grasse, chaussures, vêtements, etc. Ce ne sont pas les mêmes pour tous les membres de la famille. Il existe onze sortes de tickets, selon l'âge, depuis les E (moins de 3 ans) jusqu'aux V (plus de 70 ans). Des produits, il n'y en a pas pour tout le monde, et mieux vaut commencer les queues de bonne heure si l'on veut avoir une chance d'être servi !

Les cartes interzones constituent la seule forme de courrier autorisé entre la zone occupée et la zone libre. Jusqu'en 1941, il n'y a qu'un modèle, avec des formules toutes faites à rayer. Interdiction de rajouter un seul mot ! Par la suite, les cartes comportent sept lignes que l'on peut remplir librement... ou presque ! car la censure veille.

Les conditions de vie sont bien pires pour les Juifs, qui doivent, à partir de mai 1942, porter une étoile jaune cousue visiblement sur leurs vêtements, ainsi que la mention « Juif » sur leur carte d'identité. Ils n'ont plus le droit d'exercer certaines fonctions, d'avoir certains emplois, de pénétrer dans des lieux publics, cinémas, théâtres, bibliothèques, piscines, parcs, ni de faire leurs courses le matin. Et l'après-midi, il n'y a plus rien dans les magasins...

SAVEZ-VOUS QUE...

On appelle ration alimentaire ce qu'un homme, une femme ou un enfant doivent manger chaque jour pour subvenir aux besoins de leur organisme. Elle correspond à un certain nombre de calories, qui varie en fonction de l'âge et des efforts pratiqués par chacun : un sportif, un ouvrier ou un enfant qui grandit ont besoin de davantages de calories qu'un employé de bureau ou qu'une personne du troisième âge.

Un adulte en temps normal a besoin d'environ 2 500 calories par jour. À la fin de l'année 1940, les rations alimentaires correspondaient à moins de 1 700 calories et comprenaient :

- 250 g de pain par jour,
- 15 g de matière grasse par jour,
- 180 g de viande par semaine,
- 40 g de fromage par semaine,
- 500 g de sucre par mois,
- 200 à 250 g de riz ou de pâtes par mois.

LES DÉLATEURS

Y a-t-il eu beaucoup de Français qui ont dénoncé d'autres Français durant l'Occupation ?
Hélas oui. Les autorités ont reçu, durant cette période, entre 3 et 5 millions de lettres de délation, anonymes ou signées. Cela fait peur quand on sait que les personnes dénoncées étaient arrêtées, emprisonnées, envoyées dans les camps de concentration ou fusillées.

Qui écrivait ces lettres ?
Des gens qui pensaient peut-être rendre service à la France mais qui en profitaient parfois pour régler un compte personnel. On a vu de tout, même des voisins dénoncer leurs voisins, des femmes dénoncer leur mari ou leur fils !

Quel était leur intérêt ?
Se faire bien voir des autorités françaises et allemandes, obtenir une faveur ou une récompense. Dénoncer un homme pouvait rapporter de 600 à 800 francs de l'époque et jusqu'à plusieurs millions s'il s'agissait d'un réseau de Résistance. L'attrait de la récompense a été le mobile de plus de 50 % des délateurs, la vengeance celui d'environ 10 %.

Qui était dénoncé ?
En premier lieu, les Juifs ou ceux qui les aidaient en les cachant. Mais aussi les résis-

tants et leurs amis, ceux que l'on soupçonnait de correspondre avec Londres, ceux qui tenaient des propos anti-allemands. Cela pouvait être aussi un collègue dont on était jaloux ou un rival encombrant !

Ont-ils été punis ?
À la Libération, beaucoup ont été dénoncés à leur tour... ce qui n'est pas forcément plus honorable ! Les signataires des lettres ont été jugés en fonction des conséquences de leur geste. Certains ont été condamnés à mort ou aux travaux forcés à perpétuité.

SAVEZ-VOUS QUE...

La Milice est un corps d'élite armé créé en 1943 par le gouvernement de Vichy. Elle est placée sous le commandement de Joseph Darnand.

Elle comprend 20 000 hommes en zone libre, 5 000 hommes en zone occupée. Ses effectifs sont répartis en deux corps : l'avant-garde, qui regroupe les jeunes de moins de 18 ans, et la franc-garde, après 18 ans.

Son rôle est de lutter contre la Résistance sous toutes ses formes : combats contre les maquisards, arrestations, organisation de cours martiales, exécutions.

En août 1944, la Milice passe en Allemagne. Arrêté en Italie, Joseph Darnand sera fusillé en octobre 1945.

LES RÉSISTANTS

Ont été résistants tous ceux, hommes, femmes, jeunes de tous âges, qui ont essayé de s'opposer à l'occupation allemande par leur attitude et leurs actes. On ne sait pas exactement combien ils étaient : chaque enfant qui allait prévenir de la formation d'un barrage, chaque famille qui ouvrait sa porte à un inconnu en fuite faisait acte de résistance et prenait des risques. Agissant au début de façon individuelle, les résistants se sont peu à peu organisés en réseaux.

Une double vie

Les semi-clandestins mènent une vie familiale et professionnelle normale, mais changent d'activité sitôt la nuit tombée : fabrication et distribution de tracts, transmission d'informations par radio ou par l'intermédiaire de « boîtes aux lettres » secrètes. Ils sont organisés en réseaux discrets et très souples, à l'intérieur desquels l'information doit circuler rapidement.

Parmi eux, les F.T.P. communistes (Francs-Tireurs et Partisans français) sont les premiers à former de véritables commandos qui mènent une guérilla urbaine, organisent des opérations de sabotage et des attentats dans les lieux occupés par les nazis.

L'armée de l'ombre

Pour échapper au travail obligatoire en Allemagne, ou pour mener une action plus efficace, des hommes abandonnent travail et famille et se réfugient dans la clandestinité absolue, dans des lieux isolés et difficilement accessibles, en montagne surtout. Ce sont les maquisards, qui s'organisent en équipes d'une vingtaine d'hommes maximum, regroupées sous l'autorité de chefs de secteur qui sont souvent des militaires de carrière.

Pour coordonner leur action, ce qui permettra de leur faire parvenir de l'argent et des armes, Jean Moulin est parachuté de Londres en 1942. Il parvient, au moment de son arrestation en juin 1943, à la création d'un Comité français de Libération nationale.

Les maquisards forment une véritable armée de l'ombre qui jouera un rôle important au moment de la Libération sous le nom de F.F.I. (Forces Françaises de l'Intérieur) : immobilisation et harcèlement des forces ennemies, guidage et soutien des troupes alliées, etc.

Savoir se taire et pouvoir communiquer

L'efficacité d'un réseau de Résistance repose sur sa discrétion et la rapidité de la communication entre ses membres. Pour se fixer un rendez-vous, les résistants choisissent de préférence un lieu discret et anonyme, un jardin public par exemple, un immeuble à plusieurs issues. Tout retard de quelques minutes représente un danger, le résistant est constamment en alerte. La patience, la discrétion, la méfiance et la rapidité de décision sont des qualités essentielles. Mais il doit avoir aussi beaucoup de chance...

Parmi ceux qui les aident, les agents de liaison portent les messages. Ils jouent un rôle effacé mais terriblement dangereux, ce sont parfois des femmes ou des enfants qui peuvent plus facilement déjouer les soupçons. Les « boîtes aux lettres » sont des lieux où l'on sait pouvoir déposer ou récupérer un message, mais elles se transforment parfois en véritables traquenards et il faut les changer régulièrement.

Les arrestations

La prudence est donc capitale mais malgré les précautions, malgré l'usage de codes secrets, les résistants tombent souvent dans des pièges et se font arrêter.

Combien de résistants ont-ils été trahi par un voisin, par un collègue de travail, par un membre de leur famille ou par un ancien résistant « retourné » par les nazis ?

En cas d'arrestation, ils doivent se taire le plus longtemps possible pour laisser le temps aux membres du réseau d'effacer toute trace compromettante et de disparaître. Pour éviter de parler sous la torture, certains résistants se sont suicidés, comme Pierre Brossolette. Emprisonnés, fusillés ou déportés dans des camps de concentration, beaucoup ont payé de leur vie leur courage et leurs convictions.

Ces dossiers ont été réalisés en collaboration avec Nicole Bustarret.

L'AUTEUR

Yvon Mauffret est né en 1927 à Lorient (Morbihan), d'une famille où l'on est marin de père en fils.
Après des études secondaires, pour ne pas faillir à la tradition, il s'embarque sur un liberty-ship en qualité – déjà – d'écrivain. « L'écrivain », dans la marine marchande, est en quelque sorte le secrétaire de bord.
Pendant plusieurs années, il navigue donc, découvrant des horizons nouveaux : USA, Brésil, Argentine, Afrique, Madagascar, etc.
Venu ensuite s'installer à Paris, il s'essaye à différents métiers avant de se lancer dans le roman pour enfants. Il est aujourd'hui écrivain, scénariste pour jeunes, journaliste et vit en Bretagne.
Les collections Cascade abritent nombre de ses titres

L'ILLUSTRATEUR

Christian Heinrich est né en 1965 à Sélestat, une petite ville alsacienne. « Élevé et nourri au dessin sur les genoux de mon grand-père qui me crayonnait déjà quelques personnages dans les marges de son journal, il n'y avait qu'un pas à franchir pour que je me retrouve assis sur les bancs de l'École des Arts décoratifs de Strasbourg... nourri cette fois par l'enseignement de Claude Lapointe. Dès lors je suis passé de la marge des journaux et des cahiers à la pleine page imagée, où j'aime à raconter et décrire l'histoire, les peuples, les cultures... Plus que reproduire un monde, il s'agit pour moi de produire un monde dans la continuité du texte. »

COLLECTION

Cascade

11 - 12

À CLOCHE CŒUR
Marie-Florence Ehret.

L'ACROBATE DE MINOS
L.N. Lavolle.

ADIEU BENJAMIN
Chantal Cahour.

UNE AMITIÉ BLEU OUTREMER
Yvon Mauffret.

L'AMOUR K.-O.
Jean-Paul Nozière.

L'ANGE DE MAURA
Lynne Reid Banks.

LE BALLON D'OR
Yves Pinguilly.

B COMME BÉATRICE
Geneviève Senger.

BONS BAISERS DE CALIFORNIE
Marie-Noëlle Blin.

C'EST LA VIE, LILI
Valérie Dayre.

COMME SUR DES ROULETTES
Malika Ferdjoukh.

COUP DE FOUDRE
Nicole Schneegans.

LA COUR AUX ÉTOILES
Évelyne Brisou-Pellen.

CYRANO JUNIOR
François Charles.

LE DÉFI DE MISS CAMBOUIS
Marie Dufeutrel.

LES DEUX MOITIÉS DE L'AMITIÉ
Susie Morgenstern.

L'ÉTÉ JONATHAN
Marie Dufeutrel.

LA GRIFFE DES SORCIERS
Évelyne Brisou-Pellen.

LA GRIFFE DU JAGUAR
Yves-Marie Clément.

LE JOUR DU MATCH
Gilberte Niquet.

MON JOURNAL DE GUERRE
Yvon Mauffret.

LE MYSTÈRE DE LA NUIT DES PIERRES
Évelyne Brisou-Pellen.

PAULINE EN JUILLET
Jacqueline Mirande.

UN PONEY BLANC NEIGE
Anne Eliot Crompton.

PRISONNIÈRE DES MONGOLS
Évelyne Brisou-Pellen.

RENDEZ-VOUS AU COLLÈGE
Stéphane Méliade.

LE ROYAUME DE LA RIVIÈRE
Katherine Paterson.

LE SECRET DE JESSICA
Michel Amelin.

LE SECRET DU GÉNÉRAL X
Jacques Asklund.

SÉRIE NOIRE POUR BABACAR
Michel Girin.

UNE SIXIÈME EN ACCORDÉON
Jean-Paul Nozière.

LE TRÉSOR DU MENHIR
Yvon Mauffret.

UN TRÉSOR DANS L'ORDINATEUR
Jacques Asklund.

LA VOIX DU VOLCAN
Évelyne Brisou-Pellen.

LE VOLEUR DE PANDAS
Alain Surget.

COLLECTION
Cascade

CASCADE POLICIER

À L'HEURE DES CHIENS
Évelyne Brisou-Pellen.
ALLÔ ! ICI LE TUEUR
Jay Bennett.
L'ASSASSIN CRÈVE L'ÉCRAN
Michel Grimaud.
L'ASSASSIN EST UN FANTÔME
François Charles.
LE CADAVRE FAIT LE MORT
Boileau-Narcejac.
LE CHARTREUX DE PAM
Lorris Murail.
LE CHAUVE ÉTAIT DE MÈCHE
Roger Judenne.
COUP DE BLUES POUR DAN MARTIN
Lorris Murail.
COUPS DE THÉÂTRE
Christian Grenier.
DES CRIMES COMME CI COMME CHAT
Jean-Paul Nozière.
CROISIÈRE EN MEURTRE MAJEUR
Michel Honaker.
DANS LA GUEULE DU LOUP
Boileau-Narcejac.
LE DÉTECTIVE DE MINUIT
Jean Alessandrini.
DRAME DE CŒUR
Yves-Marie Clément.
UNE ÉTRANGE DISPARITION
Boileau-Narcejac.
HARLEM BLUES
Walter Dean Myers.
L'HÔTEL MAUDIT
Alain Surget.
L'IMPASSE DU CRIME
Jay Bennett.
LE LABYRINTHE DES CAUCHEMARS
Jean Alessandrini.
LA MALÉDICTION DE CHÉOPS
Jean Alessandrini.
MICMAC AUX MILLE ET UNE NUITS
Paul Thiès.
LE MYSTÈRE CARLA
Gérard Moncomble.
NE TE RETOURNE PAS
Lois Duncan.
L'OMBRE DE LA PIEUVRE
Huguette Pérol.
OMBRES NOIRES POUR NOËL ROUGE
Sarah Cohen-Scali.
ON NE BADINE PAS AVEC LES TUEURS
Catherine Missonnier.
PIÈGES ET SORTILÈGES
Catherine Missonnier.
POURSUITE FATALE
Andrew Taylor.
RÈGLEMENT DE COMPTES EN MORTE-SAISON
Michel Grimaud.
SIGNÉ VENDREDI 13
Paul Thiès.
LA SORCIÈRE DE MIDI
Michel Honaker.
SOUVIENS-TOI DE TITUS
Jean-Paul Nozière.
UN TUEUR À LA FENÊTRE
Stéphane Daniel.
LE TUEUR MÈNE LE BAL
Hervé Fontanières.
LES VISITEURS D'OUTRE-TOMBE
Stéphane Daniel.
LES VOLEURS DE SECRETS
Olivier Lécrivain.

Achevé d'imprimer en juin 1996
sur les presses de l'Imprimerie Hérissey
à Évreux (Eure)
Dépôt légal : juin 1996
N° d'édition : 2774
N° d'imprimeur : 73848